Königs Erläuterungen und Materialien
Band 376

Erläuterungen zu

Martin Walser

Ein fliehendes Pferd

von Elmar Nordmann

C. Bange Verlag – Hollfeld

Herausgegeben von Klaus Bahners, Gerd Eversberg
und Reiner Poppe

ISBN 3-8044-0370-0

Gesamtherstellung: Beyer-Druck, Langgasse 23, Hollfeld

INHALTSVERZEICHNIS:

EINLEITUNG

Das Leitthema der Lektüre ist die „Midlife-Crisis" und deren Bewältigung aus der Sicht eines Reporters und eines alternden Studienrates. Das Thema scheint jugendlichen Lesern vielleicht noch weit entfernt, trotzdem aber zeigt sich parallel zur Pubertät das Problem der Identifikation und die Frage nach dem Sinn des Lebens. Das Thema Midlife-Crisis bietet sowohl eine Diskussionsgrundlage über das Thema Liebe und Sexualität als auch die Hinterfragung gesellschaftlicher Klischeevorstellungen. Walser greift Lebensformen und Möglichkeiten der Daseinsbewältigung auf, die von seinen Lesern kritisch reflektiert und somit auch für die eigenen Lebensmaximen hinterfragt werden können. Wenn es darum geht Lesern im jugendlichen Alter Formen menschlicher Möglichkeiten und soziologischer Zusammenhänge näherzubringen, ist die Novelle als literarische Gattung eine leicht verständliche Lektüre, die nach Walser *mit jedem Satz der Wirklichkeit antwortet.* Das auf der Umschlagseite der Novelle abegedruckte Zitat der Stuttgarter Zeitung *„... diese Geschichte könnte zu dem gehören, das einmal übrigbleibt von einem Jahrhundert"* untermauert als treffende Beschreibung den Gegenwartsbezug und die Aktualität der Lektüre. Eine kritische Reflexion der Begriffe „Kleinbürgertum" und „Aussteigen" sollte beim Lesen nicht ausbleiben, wobei der Leser sich bewußt werden sollte, daß Schlagworte wie „Kleinbürger" eine Abqualifikation und ein allzu leichtfertiges Urteil über einen Menschen bedeuten. Ein weiteres Kriterium ist der große Traum vom „Aussteigen auf die Bahamas". Die zwei Lebensmaximen, die Walser wertneutral vorstellt, regen zum Nachdenken an und erzwingen eine Stellungnahme zu eigenen Vorstellungen, Vorurteilen und Verhaltensweisen. Die Möglichkeit, den konkreten Sachverhalt zu interpretieren und abstrahieren ergibt sich für den Leser ebenso in der Ausdeutung der Symbole und Bilder, da Walser verstärkt mit Metaphern und Symbolen arbeitet. Nicht zuletzt fallen die unterschiedlichen Sprachebenen der Figuren Klaus und Helmut auf, die verdeutlichen, daß Sprachverhalten und bestimmte Sprachcodes zu Mißverständnissen bei Sender und Empfänger führen, gleichwohl aber auch Aufschluß über die Persönlichkeit geben und Wertmaßstäbe und Sozialverhalten eines Menschen transparent machen.

Die Novelle „Ein fliehendes Pferd" erschien 1978, das gleichnamige Drama schrieb Walser 1985. Die Dramatisierung der Novelle erschien auf Anregung und nach einem Szenario des Dramaturgen Ulrich Khuon. Bei einem kontrastiven Vergleich zwischen Novelle und Drama läßt sich sowohl die Schwierigkeit des Autors erkennen, ein bestimmtes Werk in eine andere Form umzusetzen, als auch die Schwierigkeit der damit verbundenen Umstrukturierungen, die ein Autor bei diesem Verfahren anstellt. Die hier vorliegenden Erläuterungen beziehen sich nur auf die Novelle. Auch die Verfilmung mit gleichem Titel geht mit der Novelle konform und nicht mit dem Drama. Dieses hat zum Beispiel ein anderes Ende als die Novelle. Das Drama geht einen Schritt weiter, während in der Novelle der Schluß offen bleibt und so den Leser zur kritischen Reflexion anregt.

I. SKIZZE ZU MARTIN WALSERS BIOGRAPHIE

Martin Walser wurde am 24.03.1927 in Wasserburg/Bodensee geboren. Nach dem Abitur studierte Walser Germanistik und promovierte 1951 über Franz Kafka. Bevor er als freier Schriftsteller tätig wurde, arbeitete er beim Süddeutschen Rundfunk im Bereich Politik und Zeitgeschehen.

Seinen Lebenslauf prägen mehrere USA-Aufenthalte. Derzeit lebt der Schriftsteller in Nußdorf am Bodensee. Walser wurde für seine Prosa mit verschiedenen Preisen ausgezeichnet, u.a. mit dem Hermann-Hesse-Preis und dem Georg-Büchner-Preis.

Martin Walser kann man als gesellschaftskritischen Literaten des 20. Jahrhunderts sehen.

> *„Ihn beschäftigt die konkrete, täglich sich wiederholdende Erfahrung, nicht in der besten aller möglichen Welten zu leben."* [1]

Seine Dramen lassen erkennen, daß er sich als kritischer Beobachter der BRD versteht, der sich mit den sozialen und politischen Entwicklungen sowie der Geschichte auseinandersetzt, und immer wieder versucht darzustellen, daß es auch anders sein könnte als es ist. [2]

Die Themen Walsers sind: die Liebe, Ehe und Midlife-Crisis, wobei die Gesellschaftskritik nicht als vordergründiges Thema zu sehen ist, vielmehr sind seine Figuren Kleinbürger des täglichen Lebens, die ein Einfühlen in die Handlungsträger und Bedingunsfaktoren unterleben und mitfühlen lassen. Walser gibt keine Lösungen und entwickelt kein Programm. Er ist eher interesslert an einem

> *„Zurechtrücken, einem Aufdecken von Möglichkeiten, die in der Wirklichkeit stecken."* [3]

Daraus erklärt sich der Anspruch, daß individuelle Probleme durch die Gesellschaft verschuldet sind und ein „Erkennen" eben dieser spezifischen Umstände erst durch eine Bedingungsanalyse seiner Figuren möglich ist. Das erklärt auch, warum Walser nie „ex cathedra" spricht.[4]

Zeittafel [5] zu Leben und Werk Martin Walsers

Lebenslauf

1927	In Wasserburg/Bodensee geboren
1938-1943	Oberschule in Lindau
1944-1945	Arbeitsdienst, Militär
1946	Abitur
1946-1948	Studium an der Theologisch-Philosophischen Hochschule Regensburg
1948-1951	Studium an der Universität Tübingen (Literatur, Geschichte, Philosophie)
1951	Promotion mit einer Arbeit über Franz Kafka (Beschreibung einer Form)
1949-1957	Mitarbeit beim Süddeutschen Rundfunk und Fernsehen Reisen für Funk und Fernsehen nach Italien, Frankreich, England, CSSR und Polen
1957	Umzug von Stuttgart nach Friedrichshafen
1958	Drei Monate USA-Aufenthalt (Harvard-International-Seminar)
1968	Umzug nach Nußdorf
1973	Sechs Monate USA-Aufenthalt (Middlebury College, Vermont und University of Texas, Austin)
1975	Zwei Monate in England (University of Warwick)
1976	Vier Monate USA-Aufenthalt (University of West-Virginia, Morgantown)
1979	Drei Monate USA-Aufenthalt (Dartmouth College)
1983	Vier Monate USA-Aufenthalt (University of California, Berkeley)

Entstehungsdaten der Werke Martin Walsers

1955	Ein Flugzeug über dem Haus und andere Geschichten (Preis der „Gruppe 47" für die Erzählung „Templones Ende")
1957	Ehen in Philippsburg, Roman (Hermann-Hesse-Preis)
1960	Halbzeit, Roman
1961	Beschreibung einer Form (Druck der Dissertation)
1962	Eiche und Angora, Eine deutsche Chronik (Gerhart-Hauptmann-Preis)
1964	Überlebensgroß Herr Krott, Requiem für einen Unsterblichen, Lügengeschichten, Der Schwarze Schwan
1965	Erfahrungen und Leseerfahrungen, Essays (Schiller-Gedächtnis-Förderpreis des Landes Baden-Württemberg)
1966	Das Einhorn, Roman
1967	Der Abstecher Die Zimmerschlacht (Bodensee-Literaturpreis der Stadt Überlingen)
1968	Heimatkunde, Aufsätze und Reden
1970	Fiction Ein Kinderspiel
1971	Aus dem Wortschatz unserer Kämpfe, Szenen (Filmförderpreis)
1972	Die Gallistl'sche Krankheit, Roman
1973	Der Sturz, Roman
1974	Wie und wovon handelt Literatur? Aufsätze und Reden
1975	Das Sauspiel, Szenen aus dem 16. Jahrhundert
1976	Jenseits der Liebe, Roman

1978	Ein fliehendes Pferd, Novelle Ein Grund zur Freude, 99 Sprüche Heimatlob, Ein Bodenseebuch
1979	Wer ist ein Schriftsteller? Aufsätze und Reden Seelenarbeit, Roman
1980	Das Schwanenhaus, Roman
1981	Selbstbewußtsein und Ironie, Frankfurter Vorlesungen (Georg-Büchner-Preis) (Heinrich-Heine-Plakette) (Friedrich-Schiller-Gedächtnispreis des Landes Baden-Württemberg)
1982	In Goethes Hand, Szenen aus dem 19. Jahrhundert Brief an Lord Liszt, Roman
1983	Gesammelte Geschichten Liebeserklärungen
1985	Meßmers Gedanken Brandung, Roman Variationen eines Würgegriffs Bericht über Trinidad und Tobago

Aktualität und kritische Anmerkungen zur Novelle und zum Autor

Martin Walser gehört seit Jahrzehnten zu den umstrittensten, deutschen Gegenwartsautoren. „Ein fliehendes Pferd" brachte dem heute 61 Jahre alten Autor zum ersten Mal Erfolg bei Käufern und Kritikern. Die Novelle greift die Alltagsprobleme zweier Mitfünfziger auf. Bei der dialektischen Gegenüberstellung von These und Antithese bleibt Walsers Meinung außen vor. Er macht keinen Halt vor prikären Themen wie Midlife-Crisis, Liebe und Sexualität, Leistungs- und Erwartungsdruck auf privater und beruflicher Ebene. Die Presse urteilte treffend:

„Diese Geschichte könnte zu dem gehören, was einmal übrig bleibt von unserem Jahrhundert."

Das Werk Walsers gibt Einblick in zwei vollkommenen konträre Persönlichkeitsstrukturen. Anhand der Konfrontation und des Aufeinandertreffens der Handlungsträger Helmut und Klaus wird der Leser zum Reflektieren über seine eigenen Erwartungen und seine derzeitige Position im Leben gezwungen. Die Figurenkonstellation spricht nicht nur den Fünfzigjährigen an, sondern zwingt gleichwohl die jüngere Generation zu kritischen Refelxionen.

Auf der einen Seite finden wir den Aussteiger Klaus, geschieden, mit der Illusion, mit einer Studentin auf die Bahamas auszusteigen, auf der anderen Seite haben wir den alternden Studienrat Helmut auf der Flucht von der Außenwelt in die Innenwelt.

Beide Männer sind auf der Flucht vor sich selbst und den äußeren Bedingungen, die sie umgeben. Kritisch anzumerken ist, daß die Frauen bei Walser blass, ja fast eigenschaftslos wirken. Das Ungleichgewicht der vier Personen kommt bereits auf den ersten Seiten von Walsers Novelle zum Tragen. Psychologisch ausgefeilt ist die Darstellung des Helmut Halm. Vielleicht könnte man mutmaßen, daß Walser sich mit dieser Figur identifiziert, da er sich so detailliert mit ihr auseinandersetzt.

Walser reißt Themen an ohne zu beurteilen oder zu verurteilen. Trotzdem aber werden dem Leser Alternativen und Perspektiven eröffnet, die ihn zum Nachdenken zwingen und ihm die Position hinter der Position eröffnen, die Einblick geben in die Psychologie der Innenwelt hinter der Fassade.

II. DIE NOVELLE ALS LITERARISCHE GATTUNG

Die Novelle ist in die Gattung der epischen Dichtung einzuordnen, wobei sie eher dem Drama als dem Roman verwandt ist.

Die Novelle kennzeichnet sich durch folgende Merkmale:

a) sie hat die Tendenz zur mittleren Länge, begründet aus der strengen Tektonik und der Überschaubarkeit auf das Ganze. [6]

b) die Einführung ist knapp und treffend, die Hinführung zum Höhepunkt verläuft gradlinig ohne Abschweifungen, während der Schluß als knapper Abfall zu sehen ist, der das weitere Geschehen nur skizzenartig anreißt. [7]

c) - ein entscheidendes Ereignis im Leben eines Menschen wird beleuchtet; diese Einsträngigkeit zum „Mittelpunktereignis" bedeutet einen stringenten Aufbau zum Krisen- und Wendepunkt, häufig wird die Hauptfigur hier zu einer Entscheidung gezwungen. [8]

- tritt an die Stelle des Mittelpunktereignisses ein Charakter, ändert sich die Struktur dahin, daß die Ereignisse und Situationen in steigender Handlungslinie zu einer bestimmten Situation geleitet werden, die dabei den Charakter des Handlungsträgers schrittweise enthüllen. [9]

- eine Novelle kann auch mehrere Wendepunkte haben, die in strenger tektonischer Steigerung aufeinander aufbauen. [10]

d) ein bestimmtes Symbol spielt in der Novelle meist eine entscheidende Rolle [11]. Das Dingsymbol kann als „Spielraum novellistischen Erzählens" verstanden werden, von dem der Literat wahlweise Gebrauch machen kann, es ist demzufolge kein Muß, aber eine der vielen Möglichkeiten, einen Strukturkern zu schaffen.

Aspekte zur Verfilmung der Novelle „Ein fliehendes Pferd"

Der Film „Ein fliehendes Pferd" von Martin Walser wurde im Abendprogramm des Westdeutschen Rundfunks und anderen Sendeanstalten ausgestrahlt.

Es ist kritisch anzumerken, daß insbesondere literarische Verfilmungen immer eine Reduktion beinhalten, die zugleich Manipulation bedeutet. Daher kann ein Film nie das Lesen eines Ursprungswerkes ersetzen oder gleichwertige Informationen bieten. Er sollte stets kontrastiv zu dem Ursprungswerk diskutiert und betrachtet werden.

Die Schwerpunkte, die jeder individuell aus einer Novelle, einem Drama etc. entnimmt, werden vielfach in der Verfilmung aufgrund der visuellen als auch auditiven Einflüsse des Films verlagert. Insofern muß man feststellen, daß der Film bereits eine Interpretation birgt durch die Auswahl der Musik und der Persönlichkeit der Darsteller.

Man kann sagen, daß das Ursprungswerk eines Literaten die Primärerfahrung für den Leser ist und die Verfilmung desselben eine Sekundärerfahrung. Vielleicht sollte man soweit gehen zu sagen, daß der Film eine Umstimmung in uns erzeugt und die Eindruckswirkung des Menschen in eine bestimmte Richtung manipuliert.

Auf der anderen Seite aber birgt der Film - insbesondere wenn der Autor die Regie übernimmt - Denk- und Interpretationsansätze, die einer kritischen Reflexion des Gegenstandes nützlich sein können.

Um durch die Verfilmung der Novelle „Ein fliehendes Pferd" zu einem besseren Verständnis der Literatur zu gelangen und kontrastive Interpretationsansätze, Film/Novelle betreffend, zu finden, empfiehlt es sich, den Film unter einer besonderen Fragestellung zu sehen:

1. In welchem Verhältnis stehen Klaus und Helmut jeweils zu ihren Frauen?
2. In welche Teile kann der Film aufgegliedert werden?
3. Was kann zu der Sprache der beiden Männer gesagt werden?
4. Welche Wirkung hat der Film im Vergleich zu dem Buch?
   - Schauspieler / Buchfiguren
   - Szenerie im Film / Beschreibung im Buch

III. ERLÄUTERUNGEN ZU DER NOVELLE „EIN FLIEHENDES PFERD“

1. Gang der Handlung

Ort der Handlung ist ein Urlaubsort am Bodensee. Hier treffen sich zwei Männer, ehemalige Schul- und Studienkollegen, beide fast 50 Jahre. Helmut Halm verheiratet, ist Studienrat an einem renomierten Gymnasium. Klaus Buch ist geschieden und lebt mit einer wesentlich jüngeren Frau, Helene, zusammen. Buch ist Journalist, jagt von einer Aktivität zur nächsten (Segeln, Tennis u.s.w.), während die Halms ihre Ruhe lieben (Straßencafes und Bücher). Helmut hat Angst, seine Gewohnheiten gegen dieses Paar nicht verteidigen zu können, während Sabine (seine Frau) die beiden als „erfrischend" bezeichnet. Klaus Buch verplant bald das Programm der Halms mit gemeinsamen Aktivitäten, Abendessen, Segeln und so fort. Hier werden die zwei konträren Lebensweisen sichtbar: die Halms trinken schweren Burgunder und rauchen, sie haben zwei Kinder und einen Hund, kurzum sie führen ein (klein)bürgerliches Leben. Die Buchs brauchen ihre Unabhängigkeit, rauchen nicht, trinken Mineralwasser und halten sich fit durch Sport.

Auf einem gemeinsamen Spaziergang rast den vieren ein Pferd entgegen, der Bauer kann es nicht aufhalten. Als das Pferd am Wiesenrand stehenbleibt, nähert sich Buch vorsichtig von hinten und springt auf das Pferd, noch ehe es davongaloppiert. Klaus wird als Held von allen bewundert und sein Mut gelobt, selbst Helmuts Bewunderung ist ihm gewiß.

Trotzdem bleibt die Kluft zwischen den beiden. Das Geschehen eskaliert auf einer Segeltour an einem stürmischen Nachmittag auf dem Bodensee. Klaus plant, „mit Helmut auf die Bahamas auszusteigen" und alle Brücken abzubrechen, Helmut dagegen hat Angst vor den riskanten Manövern, die Klaus mit steigender Abenteuerlust gegen den Wind startet. Plötzlich läuft Wasser über Bord, Helmut schlägt Klaus die Pinne aus der Hand, das Boot schießt in den Wind, Klaus geht über Bord.

Helmut kehrt unversehrt zu Sabine zurück, Klaus bleibt fort. Helene besucht kurze Zeit später die Halms. Die Rollen wechseln. Helene trinkt Calvados und raucht. Die Halms haben sich Jogging-Anzüge gekauft und beschließen, aktiv zu werden.

Helene redet über ihr Leben mit Klaus. Sie war früher Musikstudentin und wollte Pianistin werden. Doch als sie Klaus kennenlernte, mußte sie sich zwischen ihm und der Musik entscheiden. Sie gesteht, daß sie nie leben durfte, wie es ihr beliebte; sie tauschte alles ein gegen die Isolation mit Klaus, dem alles so schwerfiel. Beruflich schaffte Klaus es nicht, daher sein Traum vom Aussteigen. Helene war seine Bestätigung. Plötzlich kehrt Klaus zurück. Angesichts der Tatsache, daß Hel ein „Geständnis" über ihr Leben mit Klaus abgelegt hat, sagt Klaus nur „komm mit". Die Buchs verabschieden sich, ohne ein weiteres Wort an Sabine und Helmut zu richten.

2. Aufbau der Novelle „ Ein fliehendes Pferd"

Die Novelle „Ein fliehendes Pferd", die mit dem gleichen Satz endet, wie sie beginnt, zeigt folgenden Aufbau:

- direkter Einstieg in das Geschehen
- Hinführung zu den Höhepunkten.
  1. die Szene, in der Klaus das fliehende Pferd bändigt
  2. der Sturm auf dem Bodensee und die Szene auf dem Boot
- Wende
  1. Helmuts plötzliche sportliche Aktivität;
  2. Helenes Monolog und Geständnis
- Schluß, knapp und skizzenhaft, mit offenem Ende
  1. Man weiß nicht, was aus Helmut und Klaus wird.
  2. Man weiß nicht, wie die Ereignisse auf Helmuts und Sabines Leben Einfluß nehmen.

3. Sachliche Erläuterungen zu Martin Walsers Novelle „Ein fliehendes Pferd"

Walsers Novelle „Ein fliehendes Pferd" ist eine auktoriale Erzählung, bei der der Autor von den Kunstgriffen der Rückwendungen und reflektierenden Abschweifungen Gebrauch macht. Die auktoriale Erzählsituation ist dadurch gekennzeichnet:

> *„... daß der Erzähler von seiner „Allwissenheit", die er etwa beim personalen Erzählen weitgehend „unterschlägt", vielfältigen Gebrauch macht. Er erzählt souverän ..."* [12)]

Walser hat sich seit 1976 gegen die Ich - Figur ausgesprochen. Auf die Frage nach den Gründen für seine Änderung der Erzählsituation antwortet er:

> *„Die Ichfigur ist grenzenlos. Auch sprachlich ist sie dann so schwer zu wenden und zu dämmen und zu fassen."* [13)]

Walser redet nicht ex cathedra und spricht den Leser nicht direkt an, vielmehr etabliert er eine möglichst wertneutrale Erzählsituation, bei der er versucht, mit mehr als einer Stimme zu erzählen. Auf die Frage, ob es überhaupt möglich sei, zwei Figuren gleichberechtigt darzustellen, ohne die eine der beiden zu favorisieren, antwortet er:

> *„Vielleicht täusche ich mich im Augenblick, wenn ich sage, ich möchte die Gegenstimme, was auch immer sie bedeute, wie sie auch immer sich zu Wort meldet, ich möchte sie verstärken. Vielleicht täusche ich mich, vielleicht jage ich da einem Unerfindbaren nach ..."* [14)]

Bei der Novelle hat der Leser durch die auktoriale Erzählsituation weniger das Gefühl, die Handlung mitzuerleben, als beim personalen Erzählen, denn er erlebt das Geschehen durch eine Distanz (Rückblenden und Innensicht), verstärkt durch Ironie gegenüber Klaus, die der Erzähler in seine Erzählhaltung einfließen läßt. Die Innensicht beschränkt sich in der Erzählung auf Helmut, wobei der Leser zugunsten Helmuts beeinflußt wird und seine Lebensmaximen erfährt. Über Klaus' Innensicht erfahren wir nichts durch den allwissenden Erzähler, sondern erst durch Helenes Geständnis und somit durch den Filter ihrer Erlebniswelt. Als mögliche Erklärung für die Ungleichgewichtung der Innensicht Helmuts und Klaus' seitens des Autors sagt Walser:

> *„Ich habe beim Arbeiten immer gedacht, ich würde mich da gegen einen Klaus Buch wehren. Jetzt ist der natürlich noch zu kurz gekommen, gegenüber Helmut Halm. Das stimmt eindeutig. Das ist ein ungerechtes Verhältnis."* [15)]

Wieweit Walser sich mit Helmut Halm identifiziert, bleibt dahingestellt. Anhand der Erzählung kann man jedoch eindeutig belegen, daß Walser sehr viel Mühe darauf verwandt hat, dem Leser detailliert die Gefühlswelt und die innere Struktur Helmuts nahezubringen.

Die Novelle Walsers erstreckt sich über fünf Tage. Der Autor arbeitet mit Zeitaussparungen und Zeitraffungen, d.h. die erzählte Zeit ist nicht deckungsgleich mit der Erzählzeit. Das tut der Novelle oder dem Einblick in das Geschehen keinen Abbruch, da Walser die Novelle auf drei detaillierten Erzählsequenzen aufbaut, die die Wende bringen und den Blick des Lesers auf das wesentliche Geschehen konzentrieren,

> *„... deren erste ganz der Psychologie Helmuts, deren zweite ganz der Psychologie Klaus' (und Helenes) gewidmet ist, und deren dritte eine reflexive Bewegung auf die Gesamtkonstrukton einleitet."* [16)]

Walser verzichtet weitgehend auf Vorausdeutungen, er weitet die Gegenwartshandlung wohl aus durch Hineinnahme der Vergangenheit, insofern kann man von „aufbauenden Rückwendungen" sprechen. Wir erfahren durch Klaus' Geschwätzigkeit und der Innensicht des Erzählers von Helmuts Kindheit und Jugend. Die Geschichte setzt in Helmuts 46. Lebensjahr ein, gerafft werden Rückblenden in die Pubertät und Studienzeit in indirekter Rede von Klaus und rückblickende Ergänzungen des „allwissenden Erzählers".

Vorausdeutungen sind in der Novelle sehr sporadisch. Nachdem Klaus das Pferd gebändigt hat, scheint der Wettkampf der beiden

"Helden" gewonnen. An dieser Stelle tritt Walser listig als allwissender Erzähler in Aktion,

> *„... weist Walser darauf hin, daß jeder Sieg nur vorläufig ist, und setzt sich kühn über die novellistische Grundbestimmung hinweg, die eben nur eine „unerhörte Begebenheit" fordert. Walser schiebt noch eine zweite nach - sozusagen als Dementi."* [17]

Den Stoff zu Walsers fiktiver Erzählung liefert das Thema „Midlife-crisis", die Krise um die Lebensmitte, die 1975 - 1980 in aller Munde war, das die Diskussion um Karriere und Erfolg, Sexualität und Liebe impliziert.

Das Leitmotiv ist in Walsers Novelle eine wiederholt auftauchende Sprachformel: „ein fliehendes Pferd".

> *„Dies fliehende Pferd, auf der Flucht vor den Menschen, ist natürlich nicht bloß ein Pferd, sondern ein Symbolgaul: Helmut identifiziert sich sofort mit diesem Fluchtversuch, für Klaus ist auch das Tier nur ein Anlaß, seine männlichen Kräfte zu beweisen - also springt er ihm kühn und lächerlich in den Rücken ... Da hat Walser, offenbar in Sorge, nur eine bösartige Gesellschaftskomödie und Sexualsatire zu schreiben, arg viel Literatur gemacht, eine Situation nicht beschrieben, sondern bedeutungsschwanger in Szene gesetzt."* [18]

Ein weiteres Leitmotiv ist der sich wiederholdende Satz vom „Aussteigen auf die Bahamas". Es signalisiert dem Leser, daß hier ein Mensch auf der Flucht vor sich selbst ist, und mit der Unmöglichkeit, sich selbst zu entgehen, nicht umgehen kann. Walser beschreibt weniger ein fliehendes Pferd als fliehende Menschen, ob auf die Bahamas oder in die Welt der Tagebücher Kierkegaards.

> *„M. Walsers Buch ist ein Versuch, in verunsicherte Sensibilität einzubrechen, sie aufzubrechen, in Worte zu fassen, was zur Verstocktheit führt."* [19]

Walser will mit seinem Stoff und seinen Leitmotiven klarmachen (man beachte auch das Zitat Kierkegaard im Vorspann seiner Novelle):

> *„Es gibt bei ihm weder Sieger noch Besiegte, nur lauter Angeschlagene. Darin liegt auch der Realismus der Walserschen Erzählkunst. Und über Reales nachzudenken lohnt sich immer."* [20]

Walser schreibt seine Novelle in der indirekten Rede, dadurch kann er aussparen, raffen und durch die Redeankündigung, die man auch als Filter des Erzählers bezeichnen kann, dem Gesagten eine bestimmte Intonation beifügen. Die indirekte Rede ist zwangsläufig dem Erzählbericht eingegliedert bzw. untergeordnet.

> *„Diese Unterordnung ist grammatisch faßbar: während die Redeankündigung (Erzählbericht) im Hauptsatz steht, wird die Rede selbst in Nebensätze verdrängt und zudem im distanzierenden Konjunktiv wiedergegeben."* [21]

Im dritten und neunten Kapitel der Novelle arbeitet Walser mit den Stilmitteln des „monologue interieur" und des „stream of consciousness".

Den Brief, den Helmut an Klaus schreibt, kann man als Monolog bezeichnen, da er zu keinem Zeitpunkt daran gedacht hat, den Brief abzusenden. Helmut wägt innerlich alle Aspekte dieser Freundschaft ab und stellt sich dem Leser dar.

Im neunten Kapitel, in dem Helene ihr Geständnis ablegt, spricht das Bewußtsein der Novellenfigur quasi selbst, ihre Gedanken und Assoziationen strömen nur so hervor, diese Technik öffnet dem Leser einen unbegrenzten Blick ins Innere der Figuren. Besonders auffallend ist hierbei

> *„Die breite Wiederspiegelung eines Gedankenflusses (zeitdeckendes oder -dehnendes Erzählen: Erzählzeit erreicht oder überschreitet hier die Dauer der erzählten Zeit) verdrängt oft alle Elemente traditionellen Erzählens ... Der Bewußtseinsstrom steht dann völlig „für sich" ..."* [22]

Walser spart mit Adjektiven, während Metaphern (fünftes Kapitel: er läge im Sarg, blutige Trägheit; zweites Kapitel: eine Frau wie eine Trophäe) bedeutungstragende Elemente in der Geschichte sind. Seine Wortwahl ist knapp und präzise, seine Sätze sind teils schwierige grammatische Konstruktionen oder unvollständige Sätze. Schlag- und Modewörter finden gleichwohl wie Fremdwörter Zugang in seinem Werk und erhellen dadurch die Innensicht der handlungstragenden Figuren.

4. Interpretation und Analyse der Novelle „Ein fliehendes Pferd" unter Einbezug der Hauptpersonen

Die Novelle beginnt mit der Szene im Straßencafe. Das Ehepaar Halm verbringt den Urlaub am Bodensee bereits zum dreizehnten Mal. Helmut wird mit den folgenden Worten skizziert:

> *„Wenn er keine Jacke anhatte, sah man von ihm wahrscheinlich nichts als seinen Bauch".* [23)]

Der alternde Studienrat wird beschrieben als der Distanzierte schlechthin, sein einziges Bestreben zielt darauf, seine Ruhe zu haben. Er mag nicht über die Vergangenheit reden und nachsinnen. Der Urlaub des Ehepaares verläuft fast immer nach dem gleichen Muster: „ein bißchen Schwimmen, ein bißchen wandern, ein bißchen lesen und sich dabei anschweigen: ein altgedientes Ehepaar, das sich eingerichtet hat in der Einsamkeit zu zweit" (einleitende Sätze des Dramas). Bezeichnend an diesem 13. Urlaub (man beachte die Zahl) ist, daß ihre gewohnte Ruhe gestört wird. Helmuts Einstellung zu Kontakten wie dem Ehepaar Buch kommt in dem Drama an folgender Stelle zum Ausdruck:

> *„Darum ist man verheiratet, daß man den Rest der Welt nicht braucht. Basta."* [24)]

Für Helmut gibt es nur einen Menschen, der ihm nahekommen darf, ohne daß dies für ihn eine Gefahr ist, und zwar Sabine. Daher: „Ach, du einziger Mensch, Sabine." Dieser Satz zieht sich wie ein roter Faden durch sein Leben und die Novelle. Für Helmut ist das Erkanntwerden das größte Gefahrenpotential. Durchschautwerden und keine

Verhaltensweisen zu erkennen, ist für ihn nahezu unerträglich.

„Inkognito war seine Lieblingsvorstellung". [25)]

Wenn ihn jemand erkennt, will er fliehen, jedes Näherkommen macht ihn unfähig, weiter mit den Menschen zu leben. Die einzige Ausnahme bildet Sabine, daher auch „Ach du. Einziger Mensch. Sabine." Die Kenntnis über seine Person bedeutet für Helmut Unfreiheit. Seine Schüler z.B. benutzten Kenntnisse über ihn zu seiner Dressur, zu seiner Unterwerfung. [26)] Im Urlaub war er weit ab von dem Vertrauten, da konnte er seine Verhaltensweisen ausprobieren „Unerreichbar zu sein, das wurde sein Traum." [27)] Seine Rolle als Lehrer versteht Helmut wie folgt: Der Lehrer präsentiert einen Gegenstand, den er nur unvollkommen beherrscht. Meist werden die Schüler über den Gegenstand von anderer Seite besser informiert. Der Lehrer ist eine irgendwie lächerliche Figur aus den genannten Gründen. [28)] Die Schüler bezeichnet Helmut als Peiniger [29)] die den Lehrer oftmals bis aufs Blut gequält haben, und sich dann irgendwann später vor ihm aufbauen, ein Mordsweib präsentieren und kreischende Kinder [30)], sie legen dann Reuebekenntnisse ab und zeigen Sentimentalitätsausbrüche.
Sein Spitzname ist „Bodenspecht". Helmut schaut immer auf die Füße der jungen Mädchen mit den rücksichtslosen Blusen.

„Einmal hatte ihn die Kraft zur Verstellung verlassen; er hatte hingelangt; ..." [31)]

Helmut hat Angst vor seinen eigenen Wünschen und Emotionen. Er unterdrückt alles, schaut lieber auf die Füße. Helmut mag nicht in der Vergangenheit verweilen, ihm sind die alten Geschichten, die Klaus anbringt, zuwider. In seinem Breif schreibt er:

„Ich bin nicht interessiert, etwas über mich zu erfahren, geschweige denn, etwas über mich zu sagen ... Ja, ich fliehe. Weiß ich. Wer sich mir in den Weg stellt ..." [32)]

Helmut versucht mit Flucht und Meidung auf Klaus und Hel zu reagieren, ohne Erfolg, denn Klaus zerrt rücksichtslos alle alten Erinnerungen und Intimitäten aus der Jugend hervor. Nicht einmal vor dem Sexualleben der Halms macht Klaus halt. Sabine ist der einzige Punkt, an dem Helmut verwundbar ist, wahrscheinlich, weil sie der einzige

Mensch ist, der sich ihm nähern darf und seinen Wall von Distanziertheit durchbricht.

> *„Helmut, der Verteidigungs- und Fluchtexperte, dem es zuerst nicht gelang, der Konfrontation aus dem Wege zu gehen, und der dann gezwungen war, all seine entwickelten Verinnerlichungs- und Vermeidungstechniken, seine Reflexions- und Interpretationsgaben anzuwenden, um sich Klaus und Helene einigermaßen vom Leibe zu halten, dieser Helmut schlägt Klaus nun auf dessen eigenem Felde, im Augenblick von dessen größter Überlegenheit. Und zwar durch eine unbedachte Tat: „eine Sekunde [...] den Schein nicht geschafft" (129)."* [33)]

Klaus und Hel dagegen wirken auf den ersten Eindruck ganz anders. Sie sind salopp gekleidet, in Jeans, ständig aktiv, sportlich, rauchen und trinken nicht, im Gegensatz zu den Halms, die einem guten Glas Burgunder und einer Zigarette nicht abgeneigt sind. Das Paar Buch braucht die Unabhängigkeit; wenn ihnen vormittags einfalle, nach Teneriffa zu fliegen, verlassen sie mittags ihr Häuschen in Starnberg, um abends in Los Rodeos landen zu können. Eines ist Klaus und Helmut gemeinsam sie sind beide auf der Flucht. Klaus will seine bürgerliche Existenz verlassen, er flieht vor dem Altwerden und dem Alltag schlechthin. „Auf zu den Bahamas". Helmut hingegen ist weniger offensichtlich auf der Flucht, zumindest äußert er das nicht explizit.

Klaus und Helmut haben völlig verschiedene Ansprüche an eine Beziehung. Klaus hat seine erste Frau und seine Kinder verlassen, weil diese in kleinbürgerlichen Bahnen lebte und keine Veränderung mehr für sein Leben bedeutete.

> *„Ich will nicht den tollen body spielen. Mensch, Helmut, meine erste Frau habe ich am Schluß noch einmal pro Woche gebumst. Sowas von herunter war ich."* [34)]

Diese Sätze charakterisieren deutlich Klaus' Einstellung zur Liebe und Sexualität. Klaus braucht eine Frau, die ihn bestätigt und ihm immerzu das Gefühl gibt, geliebt zu werden. Daher seine Frage „... du liebst mich nicht mehr, gell?"

Auffallend ist auch die Sprache Klaus Buchs. Superlative und modische Schlagwörter gehören zu seinem Wortschatz.

> *„Klaus redet gerne, vor allem über sich, und liebt die Klischees des Überschwangs („das find ich echt brutal" [105], „laß es uns groß spielen" [112])".* [35]

Buch gewinnt die Sympathie und die Anerkennung der beiden Frauen vollends bei seinem Manöver, ein fliehendes Pferd zu bändigen. Bei seiner Segelpartie mit Helmut wird Klaus mit einem Rodeoreiter verglichen. Immer wieder versucht Klaus, sich in den Mittelpunkt zu drängen, sich Anerkennung zu sichern und seinen Mut unter Beweis zu stellen.

Auffallend ist das Ungleichgewicht der vier handlungstragenden Figuren.

> *„Während die Leiden des alten H. auf nahezu jeder Seite beredsam zur Sprache gebracht werden, schrumpft der Rivale Klaus zur Spottfigur, verblassen die Frauen zu Schatten. Von Helene Buch, die sich in Helmut auf so unangenehm untätige Weise verliebt, teilt die Novelle nicht viel mehr mit, als daß sie über „neugierige Brüste" verfügt - was immer das sein mag. Und Sabine, die Ehefrau, wird in allerhöchstens einer Eigenschaft, einer seltsam wesenlosen Mütterlichkeit, erkennbar."* [36]

Die Frauen sind nur blasse Randfiguren in dem Geschehen. Von Hel erfahren wir erst am Ende der Novelle etwas mehr. Sie hat früher Musik studiert und wollte Pianistin werden,

> *„... da dekretiert er, zur wirklichen Musikerin reicht es bei dir nicht."* [37]

Sie hat ihren Beruf und ihr Leben vollkommen auf Klaus abgestimmt, ist jeden Kompromiß für diese Beziehung eingegangen. Man hat das Gefühl, daß Hel von Klaus nur benutzt wird um seines Images und seines Selbstwertgefühles willen.

„Er war eben fertig. Fix und fertig ... er ist sich immer mehr vorgekommen wie der letzte Dreck. Und ich mußte ihm andauernd beweisen, daß er nicht der letzte Dreck ist, sondern der Alleralleralllertollste." [38]

Dieser bezeichnende Superlativ beweist die hohen Ansprüche, die Klaus an sich selbst stellt. Zwangsläufig stellt man sich die Frage, ob überhaupt ein Mensch unter derart hohen Leistungsanforderungen an sich selbst glücklich werden kann. Am Ende der Novelle haben wir eine Spiegelverkehrung. Helmut und Sabine im Jogginganzug radeln am Bodensee, Hel trinkt Calvados und raucht Zigaretten. Sie bekennt sich zu der Wahrheit und zu Klaus' wirklicher Natur; sie zieht allerdings keinerlei Konsequenz daraus. Klaus kommt und sagt nur „komm mit". Das ist alles, dann gehen die beiden. Sabines Natur wird uns in der Novelle nur einmal nahegebracht. Als die beiden nach der Segelpartie zu Bett gehen, gibt sie ein Stück ihrer Natur und ihrer Gefühle zu Klaus bekannt.

„Dann frag ich eben Klaus, ob er mit mir schlafen will." [39]

Sabine ist offenbar von dem Charme Klaus' gefangen. Helmut reagiert anders auf die Buchs. Sein Kommentar:

„Wir sind doch viel weiter als die, ... wehr dich doch gegen diese Verführung durch die Familie Buch, ... laß uns beim Falschen bleiben, ... das Falsche ist das Richtige." [40]

Das ist Helmuts Reaktion auf Sabines Verliebtheit in Klaus.

4.1 Helmut und Sabine

Die Halms, ein alterndes, aber eingespieltes Ehepaar, suchen seit 11 Jahren Ruhe von dem Schulalltag am Bodensee.

Während Helmut als Fünfzehnjähriger bereits die *französische Übersetzung* von „Zarathustra" gelesen hat, liest Sabine gerade die Biographie Wagners.

Um diesen Zusammenhang zu erkennen, muß man wissen, daß das

Buch *„Also sprach Zarathustra"* von Friedrich Nietzsche geschrieben wurde. Nietzsche, 1844 geboren, galt als erster konsequenter Existentialist. *„Zarathustra" (ursprünglich ein persisch-iranischer Religionsstifter im 7. Jahrhundert vor Christus) gilt als Nietzsches Huldigung an Richard Wagner's „Tristan". Während sich Helmut also bereits im jugendlichen Alter mit dem Existentialismus beschäftigte (in französicher Sprache), versucht Sabine sich ihm anzunähern, indem sie Wagners Biographie liest.*

> *„Er lese eben immerzu. Es sehe aus wie Studieren. Sie halte es aber eher für Leben ... Auf jeden Fall komme er andauernd weiter, das erlebe sie. Sie auf jeden Fall komme da schon lange nicht mehr mit. Bei dem Tempo, das Helmut allmählich vorgelegt habe ... Sie empfinde, sagte Sabine unbeirrt, sein Tempo schon manchmal als rücksichtslos. Es mache den Eindruck, als sei es ihm schon egal, ob sie noch mitkomme oder nicht.* [41]

Der Bücherwurm Helmut ist derweil bei dem dänischen Existentialisten und Philosophen Sören Kierkegaard angelangt, einem christlichen Mystiker, der von 1813 - 1855 lebte und durch seine Lehre von der religiösen Existenz des einzelnen vor Gott als Vorläufer des Existentialismus und der dialektischen Theologie gilt.

Helmut vergräbt sich am liebsten in seiner Ferienwohnung und genießt weit ab von allen Menschen seine Literatur, selbst die Literatur, die seine Erwartungen enttäuscht. Helmut ist ein Pessimist. Sabine ist der einzige Mensch, der ihn kennt und seine Distanz durchbrechen darf.

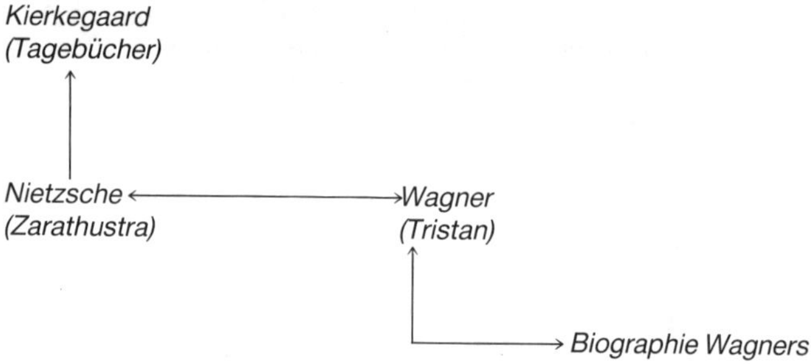

Beschreibung von Helmut und Sabine im 1. Kapitel

Helmut	Sabine
nie einen Platz in der ersten Reihe eingenommen	sah die Promenierenden mit Ausdruck des Vergnügens an
möglichst nah an der Hauswand	die Sonne hatte nichts bewirkt außer der Aufdünsung jedes Fältchens, jeder nicht makellosen Stelle
hatte eine Art hoffnungslosen Hunger nach hell- und leichtbekleideten Braungebrannten	Sabine sah grotesk aus
kam sich in den hellen Hosen komisch vor	Leute beobachten fand sie interessant
wenn er keine Jacke anhatte, sah man von ihm wahrscheinlich nichts als seinen Bauch	wenn die Frau noch dieses seit längerem verstorbene Lächeln trägt
liest: Kierkegaards Tagebücher, Zarathustra-Nietzsche bereits mit 15 in Französisch, Snob wie er war	

stellte sich diese tägliche, stundenlange Enttäuschung beim Lesen der Tagebücher Kierkegaards als etwas Genießbares vor

Inkognito ist seine Lieblingsvorstellung

Spitzname: Bodenspecht

wenn ihm das Erkannt- und Durchschautsein ... demonstriert wurde, ... wollte er fliehen

Sie benützen ihre Kenntnisse zu seiner Behandlung. Zu seiner Unterwerfung. Zu seiner Dressur.

seine wirkliche Person in Sicherheit zu bringen vor den Augen der Welt. Unerreichbar zu sein, das wurde sein Traum.

drückte sich in der Sehnsucht, noch nicht erkannt zu sein, der Wunsch aus, jünger zu sein?

Helmuts Einstellung zum Selbstverständnis des Lehrers

Helmut ordnet seiner Lehrerrolle verschiedene Attribute zu:

Durch die Nähe, die die Schüler zu ihm aufbauen, fühlt er sich in seiner Freiheit eingeengt. Ihm werden bestimmte Verhaltensweisen zugeschrieben, die er nur im Urlaub durchbrechen kann. So hat er den Spitznamen „Bodenspecht" weil er immer nach unten schaut, auf die Füße, um den Blick von den frechen Blusen zu lenken. Hierin signalisiert sich eine gewisse Angst vor Sexualität. Helmut hat kein offenes Verhältnis zu sich und den Dingen.

Er betrachtet den Lehrer als lächerliche Figur, die nie das wirkliche Leben repräsentiert, sondern nur einen Teil (und den auch nur theoretisch und unvollkommen) darbietet unter der Anstrengung nicht erkannt zu werden. Dennoch identifiziert sich Helmut unbedingt mit seiner Rolle als Studienrat, ist aber eigentlich immer auf der Flucht vor dem Erkannt- und Durchschautwerden. Er versteht den Lehrer als jemanden, der nur begrenzt über ein Thema informiert ist, dieses wenige aber begeistert weiterleiten muß. Die wirklichen Erfahrungen sammeln die Schüler jedoch im richtigen Leben, das mache den Lehrer zu einer lächerlichen Figur.

Die Vergangenheit aus der Sicht Helmuts

Im dritten Kapitel der Novelle erwachen in Helmut Erinnerungen an die Vergangenheit mit Klaus. Seine Gedanken hierzu lassen sich mit folgenden Stichwörtern aus dem Text exzerpieren:

- reglose Bilder
- Leblosigkeit wie nach einer Katastrophe
- stumme, geruchlose, farblose Szenen
- tot - ein viel zu gelindes Wort
- Schädelstättenzustand
- Abgestorbenheit der Vergangenheit
- wie ein Puppentheater
- Kriegskameradenphänomen
- Wiedererweckungsfanatismus
- Fetzen, Löcher, Gebleichtes,
- Verebbtes, Vernichtetes

4.2 Klaus und Helene

Während Helmuts Charakter und Lebensmaximen eher vom *Sein* bestimmt werden, zeigt sich in Klaus' äußerer Erscheinung mehr der *Schein*, so daß sich hier zwei völlig konträre Beschreibungen ergeben.

Die Frauen Sabine und Helene werden hingegen nur blass dargestellt und nehmen somit eine Nebenrolle ein.

Beschreibung von Klaus und Helene im 2. Kapitel

Klaus Buch	Helene
zierlicher junger Mann	geländehaft, rund und sanft
Blue Jeans	überall senkrecht,
offenes Hemd	durchtrainiert, überflußlos
dicht und hoch lodernder Blondschopf	eine Frau wie eine Trophäe
flammend Blonder in Blau	ihre Zehen lagen wohlig und gerade nebeneinander
braungebrannt	
durchtrainiert	
prognathisches Mustergebiß	
Augenweiß, Zähneweiß	
schöne, unbeschädigte Zehen	
ekelt sich vor Hunden	
segelt viel	
Stelle als Lektor in Edingburgh	

5. Midlife-crisis

Den Stoff zu Walsers Novelle „Ein fliehendes Pferd" lieferte das Thema Midlife-crisis, ein Thema, das 1978 in aller Munde war und von Psychologen und Soziologen gleichermaßen aufgegriffen und analysiert wurde in bezug auf mitmenschliches Zusammenleben.

Dieses Thema liefert auch den Schlüssel zu dem Allgemeinverständnis der Literatur, denn:

> *„Walsers Novelle drückt das Lebensgefühl nicht nur dieses Helmut, dieses Klaus, sondern einer unabsehbaren Zahl von Mitvierzigern in unseren siebziger Jahren mit erhellender Genauigkeit aus."* [42)]

Walser wirft mit seiner Literatur Fragen auf, er will ein Stück von dieser Welt zeigen, dem Leser aber keine vorgefertigen Urteile oder Stellungnahmen anbieten.

Lexikonartikel zur „Midlife-Crisis"

Fremdwörterlexikon, Wahrig, 1987:

> *Midlife-Crisis ... bei Menschen im mittleren Alter die Furcht, das erstrebte Ziel nicht mehr erreichen zu können [engl. midlife „Mitte des Lebens" + crisis „Krise"]*

Brockhaus-Lexikon, 1986:

> *Midlife crisis, Mitte der 70er Jahre entstandenes journalist. Schlagwort, das sich auf eine seelisch-körperl. Reifungskrise des Mannes im Mittleren Lebensalter (etwa 40.-50. Lebensjahr) bezieht, die mit Problemen in Beruf, Ehe, Sexualität und einer allg. Erschütterung des Sinnbezugs im Dasein verbunden sein soll.*

Psychologie im Leben unserer Zeit, Charlotte Bühler, Knaur, München 1962, Seite 236:

> *Der Mann gilt bis etwa Vierzig als jung und beginnt ja in der Tat meist erst in den Vierzig das Wirkungsfeld zu erobern, das er sich wünscht.*
> *Von diesem Sich-auf-der-Höhe-Fühlen als Dreißiger, mehr noch als Vierziger, kann dann allmählich oder plötzlich im Laufe der Vierzig oder zu Beginn der Fünfzig eine Wendung erfolgen. Diese Wendung mag sich als Erlebnis des Versagens und der Müdigkeit ankündigen oder als Erlebnis einer Lebenskrise, wie wir sie in gleichem Maße vorher nur in der Pubertät beobachten konnten.*

6. Liebe und Sexualität

6.1 Helmut und Sabine

Bei den Halms steht die Partnerschaft im Vordergrund, während die Sexualität sekundär ist. Das Verlangen nach Intimitäten hat bei Helmut nachgelassen, worüber er jedoch nicht mit Sabine reden kann. Er befindet sich in einer Krise, da sein sexuelles Verlangen zwar fast erstorben ist, er Sabine dennoch als Partner achtet und auf sie nicht verzichten kann - „ach du einziger Mensch, Sabine".

Der folgende Textauszug gibt Aufschluß darüber, warum Helmut nicht mehr mit Sabine schlafen will:

Helmut dachte an eine Nacht vor 12 Jahren: Während des letzten Urlaubs, den sie in Italien verbracht hatten. In einem Hotel in Grado. Sie wollten gerade zueinander, da hörte er aus dem Zimmer nebenan ein Geräusch, als schlüge ein riesiger Hammer auf ein Bett ein. Jeder Schlag ging deutlich durch die ganze Federung hindurch und endete hart. Das Erstaunliche bei diesem Geräusch war, angesichts der vermutbaren Wucht des Hammers, der da schlug, die rasche, wahnsinnig rasche Folge der Schläge. Helmut hatte sofort gespürt, daß er keinen eigenen Rhythmus finden würde, solang der da drüben so zuschlug. Er hatte bemerkt, daß Sabine auch nur noch hinüberhorchte. Sie mußte, mußte, mußte ihm das doch vorwerfen, daß er kein solcher Hammer war. Beide lagen und hörten nur noch, was ein Mann leisten kann. Helmut hätte das nicht für möglich gehalten. Sollte er die Schläge zählen? Ihm war zum Ersticken heiß. Er schämte sich entsetzlich. Er war im Unrecht. Der drüben war im Einvernehmen mit der Epoche. So muß man sich früher am Pranger gefühlt haben. Wer den Sexualitätsgeboten dieser Zeit und Gesellschaft nicht genügte, war praktisch ununterbrochen am Pranger. Die Druckwaren sorgten dafür. Mit Wort und Bild. Jetzt flieh. Wohin? Umbringen. Sie. Sie erwürgen. Aber seine Hände rührten sich nicht. Ihm kam es vor, als ginge das Hämmern eine unendlich lange Zeit. Es hörte einfach nicht mehr auf. Er kriegte keine Luft mehr. Er atmete ja auch nicht mehr. Nachher sagte er sich auch, daß das Ganze vielleicht doch nur 11 oder 21 oder höchstens 29 Minuten gedauert habe. Aber solange es dauerte, schien es überhaupt, überhaupt nicht aufhören zu können. Wenn ihm wenigstens ein Satz eingefallen wäre, der Sabine und ihn aus dem Bann des bloßen Zuhörers befreit hätte. Ihm war nichts eingefallen. Gebannt hatten sie zuhören müssen, bis es zu Ende war. Wenn sie jetzt mit Klaus und Helene Buch im selben Hotel schliefen, würde Sabine sich sicher vorstellen, was die Buchs jetzt täten, und unwillkürlich würden Klaus Buch und jenes italienische Hotelerlebnis einander berühren, in eins fließen, Klaus Buch wäre dann der von damals. Die stünden unheimlich auf Federn. Was immer das ist, dachte Helmut, mich geht es nichts an. Aber Sabine, Sabine war die Stelle, an der er verletzbar war. Wollte er wettbewerbsfähig sein? Wenn er in den Druckwaren die Zahlen las, die man erbringen mußte, wenn man nicht als impotent gelten wollte, kam er sich vor wie am Pranger. Er fühlte sich schon seit Monaten nicht mehr aufgelegt, seiner Geschlechtlichkeit zu entsprechen. Daß die einander öffentlich vorschrieben, wie oft sie auf ihre Frauen kriechen müssen, um nicht als impotent zu gelten, erregte bei ihm Widerwillen und Ekel. Sobald er das Bedürfnis spürte, sich geschlechtlich zu betätigen, brauchte er nur an die furchtbare Propaganda in den Druckwaren zu denken, dann wurde er ruhig. Er hoffte, das läge bald ganz hinter ihm. Aber bevor er nicht mit Sabine gesprochen hatte, lag nichts hinter ihm. Er hätte ihr längst sagen müssen, was bei ihm dazwischenkam, wenn er zu ihr hinüberwollte. (Seite 65-67)

Wollen, ja, Tun, nein. Daß er einmal nicht mehr wollen würde, wagte er nicht zu hoffen. Es würde wahrscheinlich immer eine Art offener Wunde sein. (Seite 68, Zeile 11-14)

Der Vergleich des Mannes in dem italienischen Hotel mit dem Hammer ist eine Metapher, bei der Helmut Brutalität und Härte assoziiert, zwei Komponenten, die unvereinbar für ihn sind beim Beischlaf. Darum fühlt sich Helmut gegenüber Sabine schuldig, „am Pranger stehend".

Der „Schmutz der Massenmedien" ist ein Eingriff in seine Intimsphäre und verhindert sein Tun, nicht sein Wollen, Er fühlt sich durch die mediengesteuerte Einstellung zur Sexualität angewidert.

Unter dem Aspekt der Midlife-Crisis bleibt Helmut nur eine Alternative:
alte Brücken abzubrechen, um mit einer jungen Frau neu zu beginnen und das Leben und die Liebe zu genießen, oder:
die Veränderung in der alten Beziehung zu platonischer Liebe, in der die Sexualität weniger Beachtung findet.

Er entscheidet sich für die platonische Liebe. Somit sind Achtung, Toleranz und Treue bei den Halms die tragenden Elemente der Beziehung.

6.2 Klaus und Helene

Klaus hat Liebe auf Sexualität reduziert, für ihn ist eine Partnerschaft nicht getragen von gegenseitigem Vertrauen, sondern von dem sexuellen Ausleben und Erleben. Dies ist im Vergleich zu Helmut eine völlig konträre Lebenseinstellung.

Textstellen auf den Seiten 108 (Zeile 12-22) und 110 (Zeil 9-12) geben Aufschluß über das Verhältnis von Klaus zu Liebe und Sexualität:

echt brutale Frau,
sie bringt es nicht mehr
eine challenge
tollen body
gebumst
sowas von herunter

Aus diesen Textbeispielen und Wörtern (→ Schlag- und Modewörter, Slang, und Vulgärspräche) läßt sich folgern, daß Klaus sich dem Trend der Zeit vollends unkritisch angepaßt und Sexualität für ihn das tragende Element einer Beziehung ist. Sexualität ist für ihn wichtiger als Partnerschaft. Die Persönlichkeit und der Charakter des Partners sind weniger wichtig, die Frau gilt als Statussymbol. Sie muß ihn bewundern und bestätigen, darf ihm aber nicht überlegen sein.

7. Die unterschiedlichen Ideologien zweier Männer im Hinblick auf Partnerschaft

Helmut und Sabine benehmen sich wie ein alterndes Ehepaar!

Klaus und Helene benehmen sich wie ein frisch verliebtes Paar!

	Helmut	Klaus	
-ein Hammer -Schutz der Massenmedien -am Pranger -impotent -wettbewerbsfähig	Partnerschaft gegenseitige Achtung Wertschätzung des Partners/ Toleranz Vertrauen / Treue gleiche geistige Interessen keine sexuelle Beziehung → Platonische Beziehung	egoistisches Verhalten benutzt die Frau zur Bestätigung verlangt völlige Anpassung der Partnerin paßt sich dem Trend der Zeit an zeitweise gemeinsame Interessen rein sexuelle Beziehung	-echt brutale Frau -gebumst -toller body -challenge
	Partnerschaft → primär Sexualität → sekundär	Partnerschaft → sekundär Sexualität → primär	

8. Leitmotiv und Schlüsselszenen

Martin Walser liefert dem Leser seiner Novelle Schlüsselszenen, um das Symbol „ein fliehendes Pferd" zu analysieren. Somit ist der Titel der Novelle gleichzeitig ein Leitmotiv für Helmut und Klaus, die beide auf der Flucht vor dem Erkannt- und Durchschautwerden sind.

8.1 Helmut schreibt einen Brief

Anhand der Szene im 3. Kapitel, Seite 36/37, in der Helmut Klaus einen Brief schreibt, wird deutlich, daß Helmut auf der Flucht vor den

Menschen ist, auf der Flucht vor der Außenwelt in die Innenwelt.

Helmut will die Freundschaft mit den Buchs beendet wissen. Er ist auf der Flucht vor den Buchs und allen Menschen, die versuchen, ihn zu durchschauen. Er fühlt sich in seiner Ruhe gestört und vergleicht sich mit einem „fliehenden Pferd" (→ Titel). Er identifiziert sich sogar damit. Klaus Buch ist eine Bedrohung für ihn. Darum wünscht er sich, in Ruhe gelassen zu werden.

8.2 Klaus bändigt das fliehende Pferd

In der zweiten Schlüsselzene auf den Seiten 88-93 wird Klaus durch die Bändigung des Pferdes symbolisch zum Helden und alle Sympathien sind auf seiner Seite.
Zitate:

> *„Klaus, du hast uns gerettet." (S. 91)*
> *Helmut lobte Klaus noch lauter als die Frauen ihn gelobt hatten. (S. 91/92)*

Klaus wurde beim Gang auf den Höchsten zum uneingeschränkten Helden, zum „Allerhöchsten". Die Frauen bewundern Klaus uneingeschränkt.
Dennoch flieht Klaus genau wie Helmut. Auch hier ist der Symbolcharakter nicht zu verkennen.

> *„Wenn ich mich in etwas hineinversetzen kann, dann ist es ein fliehendes Pferd." (S. 90)*

Klaus flieht vor der Auseinandersetzung mit der realen Welt. Eine Flucht vor den Ansprüchen der Gesellschaft, eine Flucht von der Außenwelt in die Innenwelt.
Während Helmut aus Angst vor den sexuellen Ansprüchen flieht, so ist es bei Klaus die Angst vor der eigenen beruflichen Unfähigkeit.
Zusammenfassend ist zu sagen, daß das „fliehende Pferd" als Leitmotiv steht für Helmut und Klaus, die beide auf der Flucht sind:

- vor den Ansprüchen der Gesellschaft
- vor ihren verpaßten Möglichkeiten
- vor ihren eigenen Gefühlen
- vor dem Erkannt- und Durchschautwerden
- vor dem Altwerden schlechthin

8.3 „Der Sturm auf dem Bodensee"

Wie kommt es dazu, daß Klaus über Bord geht? Da dies ja letztlich ein tätlicher Angriff (Seite 120) auf Klaus' Leben ist, stellt sich die Frage nach den Gründen, die eine derartige Eskalation der Ereignisse nach sich ziehen konnten, denn kein Leser würde Helmut als gefährlichen Kriminellen bezeichen, der nach dem Leben eines anderen Menschen trachtet.

Der Monolog von Klaus vor dem Kentern (S. 106-114) kann Aufschluß geben darüber, wie es zu dem Ángriffk am. Klaus will mit Helmut auf die Bahamas aussteigen (S. 107) und ein neues Leben beginnen. Helmut soll Sabine verlassen (S. 108). Klaus will es mit Helmut „groß spielen" (S. 112).

Der Sturm ist hier ein Symbol für den inneren Kampf, den Helmut mit Klaus kämpft. Mit zunehmender Bedrängung von Helmuts Privat- und Intimsphäre nimmt der Sturm zu, bis er alles zerreißt und zerstört.

Auch der Vergleich von Klaus mit einem „Rodeoreiter" (S. 117) ist eine Metapher. Helmut ist in dieser Szene das Pferd, das gebändigt werden soll, unter Klaus' Kontrolle gebracht und gefügig gemacht werden soll. Helmut wehrt sich als „fliehendes Pferd" (S. 123) gegen den Rodeoreiter. Er will nicht, daß man ihn zwingt oder belehrt, daß man sich ihm in den Weg stellt.

Klaus, der (sowohl den Sturm als auch Helmut) bändigen will, ist zu weit gegangen, weil er sich dem „fliehenden Pferd" in den Weg stellte, er hat ignoriert, daß ein fliehendes Pferd nicht mit sich reden läßt (S. 90).

Helmut fühlt sich schuldig an Klaus' „über-Bord-gehen". Er verabscheut Gewalt und vergleicht den Schlag gegen Klaus mit dem Beischlaf mit Sabine, den er ebenfalls als schuldige Handlung empfindet (S. 121/122). Diese Handlungen machen ihn apathisch und unfähig zum Weiterleben. Daher versucht er jeder Annäherung anderer Menschen auszuweichen. Er kann sich nicht damit abfinden, daß in jedem Menschen Liebe und Aggression leben, die ausgelebt werden wollen. Er zeigt Unfähigkeit zu emotionaler Offenheit.

9. Helenes Enthüllung über Klaus

In Helenes Monolog wird Klaus endgültig entlarvt. Er lebt in einer Scheinwelt und ist unfähig, sich der Realität zu stellen.

Im neunten Kapitel wird deutlich,

- daß Klaus immer schwer gearbeitet hat,
- daß ihm alles so schwerfiel (S. 136)
- daß Klaus mit allen Leuten Krach hatte (S. 138)
- daß Klaus total isoliert war mit Helene (S. 140)
- daß Klaus ein Egoist war (S. 141)
- daß Helene nur zu seiner Bestätigung da war (S. 139)

Helenes Leben mit Klaus Buch war ein Leistungszwang, Kampf, Schein und Show. Klaus zuliebe gab sie alle eigenen Interessen auf und lebte in totaler Anpassung an Klaus' Vorstellungen.

Aus der Gesamtschau der Lektüre und des Monologs von Helene läßt sich feststellen, daß Klaus der eigentliche Verlierer ist in einer Welt, die nur aus Schein besteht. Klaus spielt eine Rolle, damit er nicht in seiner Schwäche erkannt wird. Er spielt den großen Helden, obwohl er völlig neurotisch und unfähig zum wirklichen Leben ist. Zitate

Er hat nicht viel gehabt von seinem Leben. (S. 136)
... daß er ein Verbrecher sei ... (S. 137)
... mit allen Leuten Krach ... (S. 138)
Er war eben fertig. Fix und fertig. (S. 139)
Er ist sich immer vorgekommen wie der letzte Dreck. (S. 139)

Die Sympathien des Lesers sind auf Helmuts Seite umgeschlagen, nachdem man ihn anfänglich als langweiligen Schwächling betrachtet hat, der dem Leben nichts mehr abgewinnen kann.

IV. SPRACHE UND GESTALTUNGSELEMENTE IN WALSERS AUKTORIALER ERZÄHLUNG

Baseler Zeitung, 04. März 1978:
Auszug aus:
„Martin Walser, das Leiden und das Eingespielte"
„Nach einem unbehaglichen Abend mit Klaus, Hel und Sabine ruft Helmut im Restaurant, wo sie gegessen haben, der Bedienung (nein, er ruft nicht, er „brüllte förmich alarmiert"): „Zahlen. Alles!!" Auch das erlaubt einen tieferen Einblick in die Psyche Helmuts. Der ganze Abend war für ihn wahrscheinlich eine einzige Qual. Er getraut sich aber nicht zu gehen oder auch nur eine zaghafte Andeutung zu machen. Endlich gibt Klaus, wenn er genug hat und gehen will, das Zeichen zum Aufbruch ... Helmut, von seiner Bedrängnis erlöst, ruft der Bedienung, aber sein Befreiungsgefühl explodiert so unverhofft und heftig, daß es ihn gleich eine Spur zu weit trägt, über die Schwelle hinaus: alles zahlen, endlich ist Aufbruch!

„Zahlen Alles!!" sind also zwei Worte, die einen komplexen inneren Vorgang zu erkennen geben, aber sie genügen, um ihn zu beschreiben: Mit diesen zwei Worten ist alles gesagt, was es zu sagen gibt, um die Situation zu veranschaulichen. Und so bedeutet in dem Buch jeder Satz mehr, als er semantisch ausdrückt. Walser spielt genüßlich, man merkt es, und virtuos mit den Sprachen und Sprachebenen."

Allgemeine Zeitung (Mainz), 25./26. März 1978
Auszug aus:
„Lesevergnügen mit Martin Walser"
Das Erzähltempo in der Mischung zwischen Freilauf und Drosselung, die scheinbar auf Alltag getrimmte Sprache mit ihren kurzen, harten, oft noch verkürzten Sätzen hat eine bekömmliche Natürlichkeit, wiewohl das alles sehr kunstvoll gefügt ist."

Satzbau:

Walsers Satzbau ist teilweise unvollständig, er spart aus und gibt Gedankenfetzen wieder, hinter denen sich oft mehr verbirgt, als gesagt wird. Hinter jedem Satz steht noch ein weiterer Gedanke, den der Leser selbst finden muß. Seine Sätze sind teils dem elaborierten Code entlehnt (lange, verschachtelte Sätze), teils dem restringierten Code (knappe, unvollständige Sätze). Er mischt die gesprochene und geschriebene Sprache.

Wortwahl:

Auch hier verwendet er gleichfalls den elaborierten und den restringierten Code, Modewörter, Schlagwörter, Straßenwörter, Zusammensetzungen aus Adjektiv und Substantiv. Die Wortwahl ist zugeschnitten auf die Charaktere. Walser schreibt so, wie die Personen sprechen würden. Seine Wortwahl ist direkt, ohne Umschweife und Beschönigungen.

Rhetorische Figuren

Um die Dinge eindringlicher und wichtiger zu machen, arbeitet Walser mit Steigerungsformen. Er benutzt die bildhafte Sprache, Vergleiche, Metapher, sowie charakterisierende und schmückende Adjektive.

Beispiele:

1. Satzbau:	Klein und eng. Irgendwie anliegend	S. 89
	Fix und ferig.	S.139
	Von dem wenigen aber zuviel.	S. 9
	War es auch.	S. 10
	Ein-, zweimal im Jahr. Der Urlaub eben.	S. 13
	Sie hielt ihn für heiter, gesprächig, erholungsbedürftig, blumenfreundlich, tierliebend, kindernärrisch, herzensgut ...	S. 15

2. Wortwahl:	erotischer Vorfrühling	S. 52
	Pubertät mit Dornenkrone	S. 23
	der Allerallerallertollste	S.140
	Arschloch	S.104
	Erinnerungsorgie reifer Männer	S.102
	Inbegriff des Spießigen	S. 48
3. Rhetorik:	... Beute machen, Beute in Sicherheit bringen, Beute verzehren, wieder Beute machen und so fort.	S.112
	Nicht klein beigeben. Groß bleiben. Größer werden. Der Größte. Wir zwei sind die Größten ...	S.112

V. LITERATUR ZU MARTIN WALSER UND SEINE NOVELLE

Betrachtung der Sekundärliteratur

Da Walsers Novelle „Ein fliehendes Pferd" (publiziert 1978) in bezug auf die Literaturgeschichte ein junges Werk ist, gibt es nur wenig Sekundärliteratur. Es ist anzumerken, daß es keine eigenständige Literatur zu dem Werk „Ein fliehendes Pferd" gibt. In den Rezensionen der Zeitungen, die kurz nach der Veröffentlichung des Werkes erschienen, sind die Stimmen der Kritiker lobend bis sarkastisch einzuordnen, insgesamt war die Resonanz aber relativ gut. Anzumerken ist ferner, daß keine expliziten Veröffentlichungen zu Walsers Sprachstil erschienen sind. Die Kritik liegt im psychologischen und soziologischen Bereich mit spärlichen linguistischen Betrachtungen und Auseinandersetzungen mit Walsers Rhetorik.

Aus der Vielzahl der Pressestimmen sind hier nur einige auszugsweise wiedergegeben, um einen Eindruck von Walser und seinen Hauptfiguren der Novelle aus der Sicht der Rezensenten zu vermitteln. Der Berliner *Tagesspiegel* vom 14.5.1978 schreibt über den Inhalt der Novelle *„Ein fliehendes Pferd"* in treffender Weise:

> *„Walsers Novelle drückt das Lebensgefühl ... einer unabsehbaren Zahl von Mitvierzigern in unseren siebziger Jahren mit erhellender Genauigkeit aus."*

Die *Nürnberger Zeitung* vom 18.02.1978 schildert Walsers Buch als den Versuch *in verunsicherte Sensibilität einzubrechen* und Peter Wapnewski schreibt in der *Deutschen Zeitung* (10.03.1978):

> *„Wie auch immer: eine einfache, eine spröde und traurige Geschichte...*
> *Kunstvoll gerade in der Lässigkeit ...*
> *Eine Parabel von der Hilflosigkeit des Menschen inmitten seiner menschengemachten Kraft- und Potenzwelt. Parabel von der Schwäche der Liebe und dem Trost, der noch in ihrer Schwäche liegt. Parabel von den vielen Ge-*

stalten, in die der Mensch fliehen möchte, um sich zu entgehen und um doch bei sich zu enden, durch sich zu enden: so könnte man fortfahren, die Variationen von Walsers großem Thema aufzuführen."

Benjamin Henrichs, *DIE ZEIT*, Nr. 9, 24.2.1978:

> *„Inkognito möchte Helmut Halm gern bleiben, ein Mann mit Geheimnissen. Doch ein Geheimnis gönnt Walser niemandem, seinen Figuren nicht und nicht seinen Lesern ...*
> *Sein Erzählen ist ein Beweisführen, jedes Detail ein Indiz..."*

Hauptansatzpunkt der Kritiker sind Walsers Hauptfiguren Helmut und Klaus. Peter Wapnewski charakterisiert Helmut Halm in der *Deutschen Zeitung* vom 10.03.1978 als

> *„Mann der verlorenen Zukunft, der preisgegebenen Illusionen, der zerbröckelten Hoffnungen, Torso auf zerbröckelter Basis. Sein Zwang: anonym sein, sich vor sich verbergen, sich vor anderen verbergen, unfaßbar, ungreifbar sein zu wollen ...*
> *Das Ich auf der Flucht vor dem Fluch der Individualität."*

Benjamin Henrichs, *DIE ZEIT*, Nr. 9, 24.2.1978:

> *„Helmut weiß, daß für ihn die Zeit der Siege ... vorbei ist; weil er aber kein besonders tapferer Mensch ist, geht er kein Risiko mehr ein, sich irgendeinem anderen Menschen zu öffnen ...*
> *Er wünscht sich nur noch, daß man ihn in Ruhe läßt ...*
> *Helmut kämpft nicht mehr gegen seine Niederlagen, fast ist er stolz auf sie ..."*

Daß Helmut Halm sich gegen das Eindringen in seine Welt durch die Buchs wehrt, ist verständlich. Weniger eindeutig ist die Art und Weise wie er dies zustande bringt. Wolfgang Werth interpretiert das Verhalten Helmut Halms, alle von Klaus Buch vorgeschlagenen Aktivitäten mitzumachen, in der *Süddeutschen Zeitung* vom 25./26.2.1978 als Helmuts

> *„einzige Chance, unerkannt zu bleiben. Das klingt paradox und ist doch plausibel. Denn weder die sofortige Abreise, noch eine schroffe Zurückweisung wären möglich, da sich Helmut durch solche Reaktionen als der zu erkennen gäbe, der er ist: einer, der nicht erkannt sein will. Indem er mit den Buchs umgeht, zeigt er sich als ein Umgänglicher ..."*

Ganz anders dagegen wirkt Klaus Buch. Marcel Reich-Ranicki beschreibt ihn in der *Frankfurter Allgemeinen* vom 4.3.1978 als

> *„... gesund und kräftig, zufrieden und unternehmungslustig, forsch und temperamentvoll.*
> *Während Halm den Boden unter seinen Füßen zu verlieren glaubt, steht Buch fest auf dieser Erde. Sie sind im selben Alter, während jedoch Halm sich als Experte im Vorbeischauen erweist, begegnet Buch dem Dasein frontal und offensiv."*

Benjamin Henrichs geht mit Klaus Buch und seinen Schein-Vorzügen dagegen etwas schroffer um und erhebt in der *ZEIT* Nr. 9 Helmut zum eigentlichen Favouriten:

> *„Mit Klaus Buchs gläzenden Eigenschaften verglichen, wirken selbst Helmuts schlechte Eigenschaften verständlich, ja liebenswert. Diese lächerliche Braungebranntheit und Fitness, diese albernen strahlenden Zähne: wirkt daneben ein Endvierziger mit Bauch wie Helmut nicht gleich vorteilhafter? Dieses tönende, oft törichte Gerede - macht es Helmuts Maulfaulheit nicht geradezu zur Weisheit?"*

Seine Bestätigung findet dies in der *Frankfurter Rundschau* vom 23.7.1985 bei Frank Heidmann:

> *„Das braungebrannte strahlende Paar hat die Fassade verloren, die vermeintlich Schwachen stehen plötzlich als die Stärkeren dar."*

Daß Klaus Buch ebenso ein zur Selbstverwirklichung unfähiges Individuum ist, zeigt sich auch in der Rezension von W. Werth in der *Süddeutschen Zeitung* vom 25./26.2.1978:

> *„Klaus Buch mißdeutet Helmuts Reserviertheit als Ausdruck eines stoisch-überlegenen In-sich-Ruhens. Er sucht Halt an diesem Halm, in dem er sich täuscht und der sich in ihm täuscht.*
> *Denn auch Klaus Buch gibt sich zunächst nicht zu erkennen. Er ... wird von der Angst vor dem eigenen Versagen gepeinigt, und die überspielt er durch ein exaltiertes Imponiergehabe. Er tritt als Erfolgsmensch auf, der das Leben wie selbstverständlich meistert ..."*

Die Frauen Sabine und Helene sind nicht nur in der Novelle blasse Randfiguren. Auch in den Rezensionen finden sie wenig Erwähnung. Über Sabine Halm ist zu erfahren, daß sie in diesem Buch die einzige ist, die so bleibt, wie sie war. Sie übersteht die von den Buchs demonstrierte Schein-Welt, während Helene Buch sich mit ihren Mann mehr oder weniger verrät. Helmut Voith schreibt im *St. Galler Tagblatt* vom 23.7.1985:

> *„Hel läßt bald spüren, daß hinter den formelhaften Fassaden gefährliche Risse verborgen sind ..*
> *Wie ein Kartenhaus fällt das schöne Bild zusammen. Übrig bleibt eine unterdrückte Frau mit zerstörtem Leben, gequält von einem gescheiterten Mann ..."*

Peter Wapnewski über Helene Buch in der *Deutschen Zeitung* vom 10.3.1978:

„Hel ... liefert, getragen von einer Tränen- und Calvados-Schwemme, die Stunde der Wahrheit. Klaus, seine Existenz, ihre Ehe: ein einziges Kartentrümmerhaus. Kein Geld, keine Leistung, kein Erfolg, alles nur Krampf, Schein, Show. Und Sport, Askese: nichts als dürftige Gräten eines schon gestürzten Baus."

Trotz aller Verschiedenheit sind dennoch beide Paare aufeinander angewiesen. Benjamin Henrichs beschreibt dieses Verhältnis in der *ZEIT* als einen *harten, zunehmend erbarmungslosen Macht- und Selbstbehauptungskampf.*

„Gleichzeitig aber, das macht das Duell spannend und kompliziert, gibt es so etwas wie gegenseitige Anziehung. Die Buchs genießen es, jemanden gefunden zu haben, der offenbar wehrlos-bewundernd ihren Angebereien ausgeliefert ist. Und die Halms sind auf zaghafte Weise erotisiert: Helmut fragt sich schon mal, ob er nicht in Helene Buch verliebt sei, Sabine droht schon mal halbherzig, sie werde Klaus Buch zum Beischlaf auffordern.

Bleibt zum Schluß noch die Frage offen, inwieweit Martin Walser sich in der Figur des Helmut Halm widerspiegelt. Er selbst sagt dazu in einem Gespräch mit Monika Totten - abgedruckt in Klaus Siblewskis Buch „Martin Walser":

„die meisten Bücher sind bei mir aus einer Situation entstanden ... (S. 28)
Natürlich ist die Hauptfigur nicht die ungebrochene Stimme des Autors. Aber wie die Hauptfigur, oder das, was sie sagt, oder ihr Schicksal, wie das Buch gelagert ist, wie das verläuft, da merkt man ja, ob man das verachten soll, ob man's lieben soll ... (S. 35)
Als die zwei Bücher „Jenseits der Liebe" und „Ein fliehendes Pferd" besprochen wurden, da wurde immer von dieser midlife crisis geredet. Da kann ich ja nichts dafür. Ich

bin halt auch in dem Alter, in dem solche Bücher entstehen, und die Leute, die dieses Gerde von einer midlife crisis heraufgebracht haben, sind wahrscheinlich auch in dem Alter. Sie nennen das halt mal midlife crisis, ich nenne es halt „Jenseits der Liebe" und „Ein fliehendes Pferd" ... (S. 39/40)

Auf die Frage nach realen Vorbildern für seine Romanfiguren antwortet Martin Walser im *FAZ Magazin* vom 11.10.1985:

„Außer mir selbst entblöße ich niemanden. Und auch mich selbst entblöße ich durch Verbergung."

Als Walsers erster Roman *Ehen in Philippsburg* erschien, schrieb die *Frankfurter Allgemeine Zeitung:*

„Dieser Roman greift nicht an, aber er trifft."

Ein Satz, der vielleicht auch auf Martin Walsers Novelle „Ein fliehendes Pferd" übertragbar ist ?

Quellen

1) siehe Siblewski, Klaus: Martin Walser, Seite 7
2) Siblewski, Klaus: Seite 7
3) Siblewski, Klaus: Seite 15
4) Siblewski, Klaus: Seite 37
5) Walser, Martin: Novelle, Seite 152/153
6) Krywalski: Handlexikon zur Literaturwissenschaft, Seite 375
7) Haerkötter: Deutsche Literaturgeschichte, Seite 180
8) Haerkötter: Seite 180
9) vgl. Krywalski, Seite 375
10) vgl. Krywalski, Seite 376
11) Haerkötter: Deutsche Literaturgeschichte, Seite 180
12) siehe Vogt, Jochen: Seite 31
13) siehe Siblewski, Klaus: Seite 37
14) Siblewski, Klaus: Seite 36
15) Siblewski, Klaus: Seite 36
16) Siblewski, Klaus: Seite 158
17) Kölner Stadtanzeiger, 25./26.02.1978
18) siehe: Henrichs, Benjamin
19) Nürnberger Zeitung, 18.02.1978
20) Kölner Stadtanzeiger, 25./26.02.1978
21) siehe Vogt, Jochen: Seite 71
22) siehe Vogt, Jochen: Seite 80
23) Walser, Martin: Novelle, Seite 10
24) Walser, Martin: Drama, Seite 77
25) Walser, Martin: Novelle, Seite 12
26) Walser, Martin: Novelle, Seite 13
27) Walser, Martin: Novelle, Seite 13
28) Walser, Martin: Novelle, Seite 14

29) Walser, Martin: Novelle, Seite 20
30) Walser, Martin: Novelle, Seite 19
31) Walser, Martin: Novelle, Seite 20
32) Walser, Martin: Novelle, Seite 37
33) Siblewski, Klaus: Seite 155
34) Walser, Martin: Novelle, Seite 110
35) Siblewski, Klaus: Seite 154
36) Die Welt, 21.03.1978
37) Walser, Martin: Drama, Seite 68
38) Walser, Martin: Novelle, Seite 139/140
39) Walser, Martin: Novelle, Seite 72/73
40) Walser, Martin: Novelle, Seite 104
41) Walser, Martin: Novelle, Seite 95/96
42) Der Tagesspiegel, 14.05.1978

Literaturverzeichnis

Allgemeine Zeitung (Mainz)
Artikel:Lesevergnügen mit Martin Walser
Ausgabe vom 25./26.03.1978

Baseler Zeitung
Artikel: Martin Walser, das Leiden und das Eingespielte
Ausgabe vom 04.03.1978

Der Tagesspiegel (Berlin)
Artikel: Studienrat Halm, Mitte 40, auf der Flucht
(von Günther Grack)
Ausgabe vom 14.05.1978

Die Welt
Artikel: Der Oberstudienrat im Clinch mit einem Fliegengewicht
Ausgabe vom 21.03.1978

Haerkötter, Heinrich:
Deutsche Literaturgeschichte
Winklers Verlag, Darmstadt, 43 1974

Henrichs, Benjamin:
Rezension zu: „Narziß wird fünfzig" genauere Angaben beim Suhrkamp-Verlag

Kölner Stadtanzeiger
Ausgabe vom 25./26.02.1978

Krywalski, Diether:
Handlexikon zur Literaturwissenschaft
Band 1 und 2, Rowohlt Taschenbuch-Verlag GmbH, Reinbeck bei Hamburg, 1978

Nürnberger Zeitung
Artikel: Von Lebensfurcht und Lebensekel
Ausgabe vom 18.02.1978

Vogt, Jochen:
Aspekte erzählender Prosa
Westdeutscher Verlag GmbH, Opladen, 4 1979

Walser, Martin:
Ein fliehendes Pferd (Novelle, st 600)
Suhrkamp Taschenbuch, Frankfurt a.M., ^{1}1980

Walser, Martin:
Ein fliehendes Pferd (Theaterstück, NF 383)
Suhrkamp Taschenbuch, Frankfurt a.M., ^{1}1985

Chemie

Th. Bokorny
Chemie Gerüst

Wegweiser und Ratgeber für Schüler und Abiturienten.
13. überarbeitete Auflage
128 Seiten

Bestell-Nr. 0674-2

Dieses kurze in Tabellenform abgefaßte Vademecum der Chemie soll kein Lehrbuch oder Lexikon sein, sondern die großen Linien und wissenswerten Teile der modernen Chemie übersichtlich klar und einprägsam veranschaulichen und in Erinnerung bringen.

Thomas Neubert
Chemische Formelsammlung 9.-10. Klasse

36 Seiten

Bestell.-Nr. 0685-8

Hier wurden die wesentlichen Formeln mit Ihren Anwendungsmöglichkeiten aufgezeichnet. Für den Schulunterricht und für häusliches Arbeiten ein wichtiges Hilfsmittel – echte Lernhilfe!

Deutsch

Christian Floto
Basisinterpretationen für den Literatur- und Deutschunterricht I

-Ausgewählte Stücke und Prosa von Shakespeare bis Ionesco-

96 Seiten 2. Auflage

Bestell-Nr. 0589-4
Nach einer kurzen Skizzierung der Literaturepoche werden anhand häufig gelesener Stücke Basisinterpretationen gegeben. Alle Beispiele entstanden im Unterricht der Sekundarstufen.
Folgende Stücke werden u.a. behandelt:
Shakespeare, Hamlet - Lessing, Nathan - Schiller, Wallenstein - Goethe, Iphigenie - Kleist, Marquise von O/Die Verlobung ... - Fontane, Effi Briest - Dostojewski, Der Spieler - Hauptmann, Rose Bernd -Mann, Tonio Kröger - Döblin, Berlin Alexanderplatz - Kafka, Der Prozeß - Brecht, Sezuan - Kipphardt, Oppenheimer - Frisch, Homo Faber - Frisch, Biedermann u. Br. - Ionesco, Die Stühle.

Christian Floto
Basisinterpretationen für den Literatur- und Deutschunterricht II

-Ausgewählte Stücke und Prosa "moderner" Autoren in der ersten Hälfte des 19. Jahrh.

108 Seiten

Bestell-Nr. 0593-2

Literaturgeschichtlicher Abriß, Biographische Stationen, Aufbauprinzipien von Novelle und Drama; problemorientierte Bezüge zur modernen sozialpsychologischen Lebenssituation. Folgende Stücke werden u.a. behandelt:
Büchner, Woyzeck - Grabbe, Scherz, Satire, Ironie ...: Kleist, Der zerbrochene Krug/Prinz von Homburg/ Michael Kohlhaas/Erdbeben in Chili.

Bernd Matzkowski
Basisinterpretationen für den Literatur- und Deutschunterricht III

Untersuchungen und didaktische Hinweise zum Volksbuch Till Eulenspiegel.

Hinweise auf den Schelmenroman.

80 Seiten

Bestell-Nr. 0598-3

Sachanalyse - Ausgewählte Historien - Motivquerverbindungen zu Schelmenromanen des 16. und 17. Jahrhunderts - Vorschläge für die Behandlung im Unterricht u.a.

Bernd Matzkowski/Ernst Sott
Basisinterpretationen für den Literatur- und Deutschunterricht IV

36 moderne deutsche Kurzgeschichten mit Arbeitsfragen.

112 Seiten

Bestell-Nr. 0599-1

Interpretation der Kurzgeschichten **mit Arbeitsfragen** zu
ARBEITSTEXTE FÜR DEN UNTERRICHT (Reclam)
Deutsche Kurzgeschichten 11.-13. Schuljahr

und

Pratz/Tiel:
NEUE DEUTSCHE KURZGESCHICHTEN
(Diesterweg)

Karin Cohrs/Martin H. Ludwig
Basisinterpretationen für den Literatur- und Deutschunterricht V

Romane und Novellen des 19. Jahrh.

120 Seiten

Bestell-Nr. 0631-9

Aus dem Inhalt:
Einleitung, Politik und Kultur des 19. Jahrhunderts - Interpretationen ausgewählter Romane und Novellen.

Kurzbiographie des Dichters - Entstehung des Werkes - Inhalt - Charaktere - Situationen - Erschließung des Textes (stilistische Besonderheiten, literaturhistorischer Rahmen, gesellschaftliche und politische Bezüge usw.). Arbeitsfragen.
Hoffmann, Das Fräulein von Scuderi - Kleist, Das Erdbeben in Chili - Mörike, Maler Nolten - Gotthelf, Wie Uli der Knecht glücklich wird - Storm, Immensee - Droste-Hülshoff, Die Judenbuche - Raabe, die Akten des Vogelgesangs - Fontane, Der Stechlin - Eichendorff, Aus dem Leben eines Taugenichts - Keller, Die drei gerechten Kammacher - Storm, Hans und Heinz Kirch - Raabe, Die schwarze Galeere - Fontane, Schach von Wuthenow - Hauptmann, Bahnwärter Thiel

Rüdiger Giese/Christian Floto

Basisinterpretationen für den Literatur- und Deutschunterricht VI

Romane und Novellen

aus dem 20.Jahrhundert

112 Seiten

Bestell-Nr. 0473-1

Schnitzler, Leutnant Gustl - Mann, Tod in Venedig - Kafka, Die Verwandlung - Hesse, Der Steppenwolf - Kästner, Fabian - Mann, Mephisto - Zweig, Schachnovelle - Böll, Haus ohne Hüter - Wolf, Der geteilte Himmel - Kempowski, Tadellöser und Wolff

Bausteine - Deutsch

stellt detailierte Unterrichtsstunden zur Behandlung unterschiedlichster Texte für die Sekundarstufen I und II vor.

Anordnung der Stunden als Sequenzen - Texte und Textanalysen - Didaktisch-methodische Arbeitshinweise - praktisch zu handhaben.

Angesprochen sind Lehrer und Lehramtsanwärter aller Schulformen.

Autoren sind: Praktiker - Ausbilder - Fachwissenschaftler aus allen Schulformen.

Bausteine Lyrik I

Spiel mit Sprache/Lyrischer Humor/Konkrete Poesie

Bestell-Nr. 0650-5

Bausteine Lyrik II

Balladen/Modernes Erzählgedicht/Chanson/Politische Lyrik/Thema- und Motivverwandschaft.
Bestell-Nr. 0651-3

Gerhart Hauptmann: Die Weber
Bestell-Nr. 0652-1

Max Frisch: Homo Faber
Bestell-Nr. 0653-X

Theodor Storm: Pole Poppenspäler
Bestell-Nr. 0654-8

Albert Camus: Die Pest
Bestell-Nr. 0655-6

George Orwell: 1984/Animal Farm
Bestell-Nr. 0656-4

Thomas Mann: Tonio Kröger
Bestell-Nr. 0657-2

Goethe-Plenzdorf: Werther
Bestell-Nr. 0658-0

Theodor Storm: Schimmelreiter
Bestell-Nr. 0659-9

Gotth. E. Lessing: Nathan der Weise
Bestell-Nr. 0660-2

Fr. Dürrenmatt:
Der Richter und sein Henker
Bestell-Nr. 0661-0

Joh. W. von Goethe: Faust I/II
Bestell-Nr. 0662-9

Jos. v. Eichendorff: Taugenichts
Bestell-Nr. 0663-7

Hermann Hesse: Der Steppenwolf
Bestell-Nr. 0664-5

Franz Kafka: Kurze Prosaformen
Bestell-Nr. 0665-3

Joh. Wolfg. von Goethe:
Iphigenie auf Tauris
Bestell-Nr. 0666-1

Bert Brecht: Leben des Galilei
Bestell-Nr. 0667-X

Annette von Droste-Hülshoff:
Die Judenbuche
Bestell.-Nr. 0668-8

Dichtung in Theorie und Praxis

Texte für den Unterricht

Mit dieser Serie von Einzelheften legt der BANGE-VERLAG Längs- und Querschnitte durch Dichtungs-(Literatur) Gattungen für die Sekundarstufen vor.
Jeder Band ist - wie der Reihentitel bereits aussagt - in die Teile Theorie und Praxis gegliedert; darüber hinaus werden jeweils zahlreiche Texte geboten, die den Gliederungsstellen zugeordnet sind. Ein Teil Arbeitsanweisungen schließt sich an, der entweder Leitfragen für die einzelnen Abschnitte oder übergeordnete oder beides bringt.
Wir hoffen bei der Auswahl der Texte eine „ausgewogene Linie" eingehalten und die Bände für die Benutzer wirklich brauchbar gestaltet zu haben.

Bestell-Nr.

450 Die Lyrik	**DM 7,80**
451 Die Ballade	**DM 8,80**
452 Das Drama	**DM 8,80**
453 Kriminalliteratur	**DM 7,80**
454 Die Novelle	**DM 7,80**
455 Der Roman	**DM 8,80**
456 Kurzprosa (Kurzgeschichte, Kalendergeschichte/Skizze/Anekdote)	**DM 7,80**
457 Die Fabel	**DM 7,80**
458 Der Gebrauchstext	**DM 7,80**
459 Das Hörspiel	**DM 7,80**
460 Trivialliteratur	**DM 7,80**
461 Die Parabel	**DM 7,80**
462 Die politische Rede	**DM 5,80**
463 Deutsche Lustspiele und Komödien	**DM 8,80**

Weitere Bände in Vorbereitung

Egon Ecker

Wie interpretiere ich Novellen und Romane?

Methoden und Beispiele

180 Seiten 2. Auflage

Bestell-Nr. 0686-6

Notizen zur Betrachtung eines dichterischen Textes - zur Technik der Interpretation.

Beispiele:
Keller, Drei gerechte Kammacher

Novellen:
Büchner, Lenz - Storm, Schimmelreiter - Andres, Die Vermummten

Romane:
Mann, Königl. Hoheit - Frisch, Homo Faber - Andres, Knabe im Brunnen - Andersch, Sansibar.
Zur Theorie der Novelle - Zur Theorie des Romans - Gliederungsvorschläge - Themenvorschläge - Literaturverzeichnis

Egon Ecker

Rechtschreibung und Diktate

3./4. Jahrgangsstufe

2. Auflage, 112 Seiten

Bestell-Nr. 0579-7

Als Band für die Vorbereitung des Übertritts in andere Schularten gibt der Autor ein Hilfsmittel zur richtigen Schreibweise und Anwendung der deutschen Sprache.

Inhalt: Groß- und Kleinschreibung - Gleich und ähnlichklingende Laute - Dehnung - Schärfung - Silbentrennung - Sprachlehre - Satzmodelle - Diktatstoffe - Lösungen u.v.a.

Epochen deutscher Literatur

Kurzgefaßte Abhandlung für den Deutschunterricht an weiterführenden Schulen.

Bestell.-Nr. 0480
Die deutsche Romantik I
Frühromantik

Bestell.-Nr. 0481
Realismus des 19. u. 20. Jahrhunderts

Bestell.-Nr. 0482
Impressionismus und Expressionismus

Bestell.-Nr. 0483
Sturm und Drang

Bestell.-Nr. 0484
Die deutsche Romantik II
Spätromantik

Bestell.-Nr. 0485
Die Deutsche Klassik

Bestell.-Nr. 0486
Von der Aufklärung zum Sturm und Drang
Literaturgeschichtliche Querschnitte

Bestell.-Nr. 0487
Deutsche Dichtung des Barock

Gerd Eversberg

Wie verfasse ich ein Referat?

Hinweise für die Informationsbeschaffung und -verarbeitung für den Literaturunterricht.

116 Seiten

Bestell.-Nr. 0582-7

Dieser Band soll den Schülern transparentes Arbeiten lehren. Das Themenbeispiel orientiert sich an der Schulpraxis und wurde auch erfolgreich erprobt.

Inhalt: Bibliographieren – Zitieren Materialsammlungen – Bibliotheksbenutzung – Entleihen – Fernleihverkehr – Verlagskataloge und Buchhandlung – Manuskriptgestaltung – Referieren – Diskutieren.

Textanalyse 1 Umgang mit fiktionalen (literarischen) Texten

152 Seiten

Bestell-Nr. 0641-6

Aus dem Inhalt:
I. Der Begriff des fiktionalen Textes: Das "Ästhetische" der Literatur - Betrachtungsweisen von Literatur - Literarische Wertung.

II. Probleme der Interpretation: Der Prozeß des "Verstehens" - Methoden der Literaturinterpretation - Arbeitstechniken (Textwiedergabe / Texterarbeitung / Texterörterung).

III. Beispiele für Interpretationen: Epische Texte - Dramatische Texte - Gedichte.
IV. Massenliteratur.

Textanalyse 2 Umgang mit nichtfiktionalen (Gebrauchs-)Texten

144 Seiten

Bestell-Nr. 0642-4

Aus dem Inhalt:
I. Der Textbegriff.
II. Eine Typologie von Gebrauchstexten.
III. Bedingungen der Textanalyse.
IV. Methoden der Textanalyse: Textwiedergabe - Text beschreibung - Texterörterung.
V. Beispiele für Textanalysen: Darstellende Texte (Sachtexte/Wissenschaftliche Texte) - Werbende Texte (Werbetexte/Politische Reden) - Gesetzestexte.

Gebrauchstextanalysen

-Methoden und Beispiele-

2. Auflage, 80 Seiten

Bestell-Nr. 0588-6

Herausgegeben von einem Arbeitskreis der Pädagogischen Akademie Zams.

Aus dem Inhalt:
I. Warum Textuntersuchung? Begriffserklärungen
II. Textanalyse - Textkritik
Vorgestellt werden nur drei Möglichkeiten einer Analyse:
a) Kommunikationstheoretischer Aspekt
b) stilistischer Aspekt
c) soziologischer Aspekt
III. Gebrauchstexte verschiedener Art, die auf o.a. Aspekte hin untersucht, bzw. kritisiert wurden.

Ordnung der Texte nach Themenkreisen:
Werbetexte - Ferienprospekte - Kinoprogramme - Diverse Jugendzeitschriften (Bravo u.a.) - Illustrierte und Frauenzeitschriften (Frau im Spiegel u.a.) - Schullesebücher: Politische Beiträge/Kulturelle Beiträge - Literarische Texte.

Robert Hippe

Mündliche und schriftliche Kommunikation

2. Aufl., 104 Seiten

Bestell-Nr. 0563-0

Sprache - Sprache und Verständigung
Grundbegriffe der Kommunikation - Die drei Dimensionen des Zeichens - Verschiedene Arten von Zeichen - Sprache und Norm
Die Rede - Formen der Rede - Rhetorische Figuren - Analyse vorgegebener Reden - Redeanleitungen, - analysen und - sammlungen - Der Weg zur eigenen Rede - Exkurs 1: Kodierungsebenen - Exkurs 2: Die Sprache der Werbung als appellative Rede
Das Referat - Verfahrensschritte - Beurteilungskriterien - Geeignete Stoffe zur Auswahl
Die Diskussion - Analyse einer vorgegebenen Diskussion - Hinweise auf Vorbereitung, Durchführung und Zielsetzung einer Diskussion - Der Diskussionsbeitrag im sogenannten "Fünfsatz" - Die Debatte - Bericht(erstattung), Kolloquium, Vorlesung
Das Protokoll - Die Arten des Protokolls - Kriterien für die Beurteilung von Stundenprotokollen - Analyse von Protokollen
Die Inhaltsangabe - Merksätze zur Abfassung - Verfahrensschritte - Analyse von Inhaltsangaben - Geeignete Stoffe zur Auswahl
Die Erörterung - Merksätze zur Abfassung - Analyse von Erörterungen - Geeignete Stoffe zur Auswahl.

Robert Hippe

Umgang mit Literatur

2. Auflage, 116 Seiten

Bestell-Nr. 0564-9

Definition von Literatur - Grundformen von Literatur - Merkmale der Lyrik - Merkmale der Epik - Merkmale der Dramatik - Formprobleme der Literatur - Aufbauprobleme in der Literatur - Arten der Interpretation - Was ist Interpretation - Literatur und Wirklichkeit u.v.a.

Robert Hippe

Sprach- und Textbetrachtungen

132 Seiten

Bestell-Nr. 0569-X

Sprachbetrachtungen

Historisch - Theorien über die Entstehung der Sprache(n) - Die indogermanische (idg.) Sprachfamilie - Die geschichtliche Entwicklung des Hochdeutschen - Lehn- und Fremdwörter - Sprachrätsel und Sprachspiele - Auswahl-Bibliographie.
Systematisch - Grammatik - die traditionelle Grammatik - Die generative Transformationsgrammatik - Die strukturelle Grammatik.

Textbetrachtung

Allgemeines - Definition von Text - Textsorten - Beispiele - Übungen - Auflösung der Rätsel.

Robert Hippe

Textanalysen

mit Aufgaben und Übungen
3. Aufl., 120 Seiten

Bestell-Nr. 0586-X

Einleitung: Über Text, Textbeschreibung und Textanalyse
I. Fiktionale (literarische) Texte
Lyrik
(Barock, Sturm und Drang, Klassik, Romantik, Realismus, Expressionismus, Hofmannsthal und Rilke, Lyrik nach 1945, Motivgleiche Gedichte). Jeweils an Beispielen erklärt.
Epik
(Roman, Novelle, Märchen, Fabel, Kurzgeschichte, Sonderform des Essays)
Dramatik
II. Unterhaltungs- und Trivialliteratur
III. Nicht fiktionale (nicht literarische) Texte
Werbetexte - Gesetzestexte - Kochrezepte - Redetext (rhetorischer Text)

Robert Hippe

Kurzgefaßte deutsche Grammatik und Zeichensetzung

9. Auflage, 72 Seiten

Bestell-Nr. 0515-0

Ein Abriß der deutschen Grammatik systematisch und fundamental dargeboten; beginnend mit den Wortarten, Betrachtung der Satzteile und Nebensätze bis zu den Satzzeichen, Beispiele durchsetzen das Ganze und Lösungen sollen Fehler auffinden helfen. Ein nützliches in Tausenden von Exemplaren bewährtes Übungs- und Nachhilfebuch.

Robert Hippe

Interpretationen zu 62 ausgewählten motivgleichen Gedichten

mit vollständigen Gedichtstexten
6. Auflage, 120 Seiten

Bestell-Nr. 0587-7

Der Verfasser hat die wiedergegebenen Interpretationen und Auslegungen in langen Gesprächen und Diskussionen mit Oberprimanern erarbeitet. Die hier angebotenen Deutungsversuche erheben keinen Anspruch auf die einzig möglichen oder richtigen, sondern sollen Ausgangspunkte für Weiterentwicklungen und Erarbeitungen sein.
Aus dem Inhalt: Themen wie Frühling - Herbst - Abend und Nacht - Brunnen - Liebe - Tod - Dichtung u.v.a.

Robert Hippe

Interpretationen zu 50 modernen Gedichten

mit vollständigen Gedichtstexten
4. Auflage, 136 Seiten

Bestell-Nr. 0597-5

Der vorliegende Band verspricht Interpretationshilfe und Deutungsversuche - in unterschiedlicher Dichte und Ausführlichkeit - für 50 moderne Gedichte. Materialien und Auswahlbibliographie geben den Interessenten Hilfen für den Deutsch- und Literaturunterricht. Für den Lehrer eine echte Bereicherung zur Vorbereitung des Unterrichts.

Aus dem Inhalt: Lasker-Schüler - Hesse - Carossa - Benn - Britting - Brecht - Eich - Kaschnitz - Huchel - Kästner - Bachmann - Piontek - Celan - Härtling - Reinig - Grass - Enzensberger u.v.a.

Robert Hippe

Kurzgefaßte deutsche Rechtschreiblehre

64 Seiten

Bestell-Nr. 0519-3

Anleitungen - Ausarbeitungen - Gliederungen - Themenvorschläge u.v.a.
jeweils mit Lösungsschlüssel

A. Unterstufe
Erlebnisschilderung oder -erzählung
Vorgangsschilderung oder -erzählung
Die Nacherzählung, die Erklärung oder Arbeitsanweisung, Vorgangsbericht oder Beschreibung, Inhaltsangabe

B. Mittelstufe
Die Schilderung, Stimmungsbild, Charakteristik, Bericht und Inhaltsangabe, sachliches Schreiben, Facharbeit, Erörterung u.a.

Interpretationen motivgleicher Gedichte in Themengruppen

mit vollständigen Gedichtstexten

Band 1:

Edgar Neis

Der Mond in der deutschen Lyrik

80 Seiten

Bestell-Nr. 0620-3

Arp - Bischoff - Borchert - Boretto - Britting - Brokkes - Bürger - Claudius - Däubler - Droste-Hülshoff - Geibel - Gleim - Goethe - Härtling - Heine - Holz - Klopstock - Krähenbühl - Krolow - Lange - Lehmann - Leonhard - Lichtenstein - zur Linde - Maurer - Morgenstern - Rasche - Rühmkorf - v. Stollberg - Trakl - v.d. Vring - Werfel - Wiens.

Band 2:

Edgar Neis

Politische-soziale Zeitgedichte

2. Auflage, 112 Seiten

Bestell-Nr. 0621-1
Bachmann - Biermann - Brecht - Bürger - Celan - Dehmel - Domin - Enzensberger - Le Fort - Freiligrath - Gryphius - Hädecke - Hagelstange - Heine - Herwegh - Keller - Kerr - Logau - Marti - Platen - Sabias - Salis - Schenkendorf - Schiller - Schreiber - Schubart - Tucholsky - W.v.d. Vogelweide - Weitbrecht - Wildenbruch.

Band 3:

Edgar Neis

Der Krieg im deutschen Gedicht

2. Auflage, 112 Seiten

Bestell-Nr. 0622-X

Bender - Benn - Biermann - Binding - Brambach - Brecht - Claudius - Dehmel - Eich - Flex - Le Fort - Fried - Gleim - Goethe - Hakel - Heise - Heym - Hölderlin - Höllerer - Huchel - Jahn - Jean Paul - Kaschnitz - Kästner - Körner - Leib - Lersch - Leonhard - Liliencron - Logau - Menzel - Mosen- Mühsam - Münchhausen - Neumann - Nick - W. Paul - Sachs - Schiller - Schnurre - Schuhmann - Stramm - Toller - Toussel - Trakl - Tumler - Vogel - Wiechert.

Band 4:

Robert Hippe

Die Liebe im deutschen Gedicht

2. Auflage, 80 Seiten

Bestell-Nr. 0623-8

Benn - Brecht - Eichendorff - George - Gleim - Goethe - Günther - Hesse - Hofmannsthal - Jacobi - Kästner - Krolow - Lasker-Schüler - Lenau - Liliencron - C.F. Meyer - H.v. Mohrungen - Mörike - Münchhausen - Opitz - Reinig - Rilke - Storm - Stramm - W.v.d. Vogelweide - Weckherlin.

Band 5:

Robert Hippe

Der Tod im deutschen Gedicht

2. Auflage, 80 Seiten

Bestell-Nr. 0624-6

Bächler - Benn - Brecht - Celan - Claudius - Droste-Hülshoff - Eich - Goethe - Gryphius - Hesse - Heym - Hofmannsthal - Hofmannswaldau - Höllerer - Kaltneker - Keller - Klopstock - C.F. Meyer - Mörike - Nick - Nietzsche - Novalis - Rilke - Schiller - Storm - Stramm - Trakl - Uhland.

Band 6:

Robert Hippe

Die Jahreszeiten im deutschen Gedicht

2. Auflage, 80 Seiten

Bestell-Nr. 0625-4

Benn - Britting - Claudius - George - Gerhardt - Goes - Goethe - Hagedorn - Heine - Hebbel - Hesse - Hofmannsthal - Hölderlin - Hölty - Huchel - Lenau - Logau - C.F. Meyer - Mörike - Rilke - Stadler - Storm - Trakl - Uhland - W.v.d. Vogelweide.

Band 7:

Robert Hippe

Deutsche politische Gedichte

2. Auflage 68 Seiten

Bestell-Nr. 0626-2

Baumann - Biermann - Becher - Below - Brecht - Delius - Enzensberger - Fried - Fürnberg - Gomringer - Grass - Heine - Hoffmann v. Fallersleben - Holzapfel - Karsunke - Kunert - Luckhardt - Morawietz - Pottier - Radin - v. Saar - Scherchen - Schneckenburger - U. Schmidt - Schuhmann- Vesper - Walraff - Weinheber - Wessel - Zimmerling.

Band 8:

Edgar Neis

Die Welt der Arbeit im deutschen Gedicht

100 Seiten

Bestell-Nr. 0627-0

Barthel - Bartock - Billinger - Brambach - Bröger - Chamisso - Dehmel - Dortu - Engelke - Freiligrath - Grisar - Heine - Herwegh - Jünger - Krille - Lersch - Lessen - Naumann - Petzold - Pfau - Piontek - Rilke - Schreiber - Seidel - Weerth - Weinheber - Wieprecht - Winckler - Zech.

Band 9:

Edgar Neis

Deutsche Tiergedichte

136 Seiten

Bestell-Nr. 0628-9

Barth - Bergengruen - Billinger - Boretto - Brecht - Britting - Busch - Claes - Dauthendey - Dehmel - Domin - Droste-Hülshoff - Eggebrecht - Eich - Freiligrath - Gellert - Gleim - Goethe - Grillparzer - Groth - Härtling - Hagedorn - Haushofer - Hausmann - Hebbel - Heine - Hesse - Huchel - F.G. Jünger - W. Lehmann - Liliencron - A.G. Kästner - Keller - Kolmar - Krolow - C.F. Meyer - Morgenstern - Pfeffel - Piontek - Rilke - Ringelnatz - Eugen Roth - N. Sachs - Schaefer - Trakl - Vring - Weinheber - Wiedner - Zachariae - Zuckmayer.

Band 10:

Edgar Neis

Städte und Landschaften im deutschen Gedicht

168 Seiten

Bestell-Nr. 0629-7

Teil I: Borchert – Sidow – Guesmer – Rilke – Grass – Le Fort – Karsunke – Aue – Zeller – Loerke – Fontane – Eich – Bleisch – Körner – Hauptmann – Bobrowski – Stadler – Goll – Reinfrank – Kunze – Zech – Becker – v. Droste-Hülshoff – Busta – Heine – Altenbernd – Wiedner – Stoltze – Kaschnitz – Hannsmann – Schnack – Hölderlin – Barthel – Mörike – Britting – George – Roth.

Teil II: Fontane – Heise – Kalkreuth – Zweig – Rilke – Rheiner – Goll – Salus – Brecht – Bachmann – Lehmann – Wagner – Benn – Schneider – v. Platen – Huchel – Hesse – Krtappen – Kaschnitz – Celan – Britting – Kasack – Kraus – Boretto – Schaefer – Bachmann – v. d. Vring.

Interpretationen zeitgenössicher Kurzgeschichten

Edgar Neis

5. Auflage, 80 Seiten

Bestell-Nr. 0600-9

Band 1: Aichinger, Puppe - Bender, Schafsblut - Bergengruen, Fahrt des Herrn von Ringen - Böll, Ungezählte Geliebte - Brecht, Unwürdige Greisin - Britting, Märchen vom dicken Liebhaber - Ernst, Förster und Wilddieb - Le Fort, Turm der Beständigkeit - Hochhuth, Berliner Antigone - Hofmannsthal, Lucidor - Kafka, Ehepaar - Kaschnitz, Das dicke Kind / Schneeschmelze - Kühner, Es gibt doch noch Wunder - Malecha, Probe - Risse, Gottesurteil - O. Schaefer, Frühe Vision - W. Schäfer, Mozarts Begräbnis - Schnabel, Hundert Stunden vor Bangkok / Sie sehen den Marmor nicht.

Robert Hippe

5. Auflage, 80 Seiten

Bestell-Nr. 0601-7

Band 2: Andres, Trockendock - Benn, Gehirne - Bergengruen, Arzt von Weißenhasel / Legende von den zwei Worten - Böll, Bahnhof von Zimpren / Besenbinder / Erinnerungen eines jungen Königs / So ein Rummel - Brecht, Augsburger Kreidekreis - Döblin, Ermordung einer Butterblume - Dürrenmatt, Tunnel - Eich, Stelzengänger - Franck, Das verstandene Gedicht - Gaiser, Ein Mensch, den ich erlegt habe - Hampel, Das mit dem Mais - Hildesheimer, Eine größere Anschaffung - Kafka, Kübelreiter / Sorge des Hausvaters - Kasack, Mechanischer Doppelgänger - Langgässer, Die getreue Antigone / Untergetaucht - Musil, Portugiesin - Risse, Verkehrsunfall - Schnurre, Ein Fall für Herrn Schmidt.

Karl Brinkmann

4. Auflage, 80 Seiten

Bestell-Nr. 0602-5

Band 3: Aichinger, Plakat - Alverdes, Die dritte Kerze - Böll, Damals in Odessa / Mann mit den Messern / Lohengrins Tod / Wanderer kommst du nach Spa ... - Borchert, Die lange, lange Straße lang / Generation ohne Abschied / Lesebuchgeschichten - Eisenreich, Ein Augenblick der Liebe - Gaiser, Brand im Weinberg / Du sollst nicht stehlen - Langgässer, Die zweite Dido / Glück haben - Lenz, Jäger des Spottes - Schnurre, Die Tat - Spang, Seine große Chance - Spervogel, Hechtkönig - Wiechert, Hauptmann v. Kapernaum / Hirtenknabe.

Martin Pfeifer

4. Auflage, 84 Seiten

Bestell-Nr. 0603-3

Band 4: Aichinger, Hauslehrer / Nichts und das Boot - Bender, Die Wölfe kommen zurück - Böll, Über die Brücke / Es wird etwas geschehen - Brecht, Mantel des Ketzers - Britting, Brudermord im Altwasser - Eich, Züge im Nebel - Ernst, Das zweite Gesicht - Fallada, Lieber Hoppenpoppel - Franck, Taliter - Hesse, Beichtvater / Bettler - Johnson, Jonas zum Beispiel - Kusenberg, Eine ernste Geschichte - Langgässer, Saisonbeginn - Le Fort, Frau des Pilatus - Meckauer, Bergschmiede - Pohl, Yannis letzter Schwur - Rinser, David - Schäfer, Hirtenknabe - Schallück, Der Tod hat Verspätung - v. Scholz, Das Inwendige - Walser, Ein schöner Sieg - Weisenborn, Aussage.

Edgar Neis

3. Auflage, 56 Seiten

Bestell-Nr. 0604-1

Band 5: Borges, Das geheime Wunder - Calderón, Invasion - Callaghan, ein sauberes Hemd - Campos, Solidarität - Carson, Ein Mädchen aus Barcelona - Hemingway, Die Killer - Huxley, Schminke - Joyce, Eveline - Katajew, Die Messer - Mansfield, Für sechs Pence Erziehung - Manzoni, Die Repräsentiertasse - Olescha, Aldebaran - Saroyan, Vom Onkel des Barbiers, dem von einem Zirkustiger der Kopf abgebissen wurde - Sarte, Die Mauer - Timmermans, Die Maske.

Karl Brinkmann

3. Auflage, 80 Seiten

Bestell-Nr. 0605-X

Band 6: Andersch, Sehnsucht nach Sansibar - Böll, Wie in schlechten Romanen /Undines gewaltiger Vater - Gaiser, Das Wespennest / Fünfunddreißig Meter Tüll / Der Motorradunfall - Grass, Der Ritterkreuzträger - Hildesheimer, Nächtliche Anrufe - Holthaus, Geschichten aus der Zachurei / Allgemeines / Wo liegt Zachzarch / Das Wirtshaus Zum Vollautomatischen Bären - Lenz, Masurische Geschichte / Der Leseteufel / So schön war mein Markt / Der große Wildenberg - Kramp, Was der Mensch wert ist - Reding, Die Bulldozer kamen / Während des Films / Jerry lacht in Harlem / Fahrerflucht - Schnurre, Wovon der Mensch lebt - Walser, Die Artikel, die ich vertrete.

Rudolf Kanzler

64 Seiten

Bestell-Nr. 0606-8

Band 7: Aichinger, Die Silbermünze - Altendorf, Der Knecht Persenning - Andersch, Ein Auftrag für Lord Glouster - Bauer, Hole deinen Bruder an den Tisch - Britting, Der Gang durchs Gewitter - Dörfler, Der Kriegsblinde - Hesse, Das Nachtpfauenauge - Hildesheimer, Der Urlaub - Kaschnitz, Gespenster - Lenz, Die Nacht im Hotel - Th. Mann, Das Eisenbahnunglück - Noack, Die Wand - Ohrtmann, Der Sched ist wieder da - Rinser, Der fremde Knabe - Schallück, Unser Eduard - Wiechert, Mein erster Adler.

Edgar Neis

80 Seiten

Bestell-Nr. 0607-6

Band 8: Andersch, Grausiges Erlebnis - Bachmann, Alles - Bender, In der Gondel / Fondue - Bichsel, Tochter - Bobrowski, Epitaph für Pinnau - Bolliger, Verwundbare Kindheit - Brecht, Wiedersehen - Eisenreich, Der Weg hinaus - Fritz, Schweigen vieler Jahre - Fühmann, Judenauto / Schöpfung - Gaiser, Gazelle grün - Heissenbüttel, Wassermaler - Kaschnitz, Das rote Netz - Kunert, Fahrt mit der S-Bahn - Nossack, Das Mal - Reinig, Drei Schiffe - A. Schmidt, Resümee - Walser, Tänzer / Knabe - Wohmann, Ich Sperber / Der Schwan / Knurrhahn-Stil.

Robert Hippe

72 Seiten

Bestell-Nr. 0608-4

Band 9: Aichinger, Fenster-Theater - Bichsel, Holzwolle - Brecht, Vier Männer und ein Pokerspiel - Frank, Die Monduhr - Fuchs, Gedankenaustausch - Geißler, Kalte Zeiten III - Heckmann, Die Wohltaten des Löffels / Das Henkersmahl - Holthaus, Warhaftige Geschichte von der Spazierfahrt - Kaschnitz, Popp und Mingel / Christine - Klose, Am roten Forst - Kunert, Andromeda zur Unzeit - Lenz, Die große Konferenz - Magiera, In den Sand geschrieben - Marti, Neapel sehen - Mechtel, Ein kleiner Tag - Nossack, Helios GmbH - Novak, Schlittenfahren - Weissenborn, Die Stimme des Herrn Gasenzer / Die Sache mit Dad - Wohmann, Denk immer an heut nachmittag - Weyrauch, Mit dem Kopf durch die Wand - Wohmann, Die Klavierstunde - Zeller, Der Tumbau.

Edgar Neis

80 Seiten

Bestell-Nr. 0609-2

Band 10: Bernhard, Die Mütze - Bichsel, San Salvador / Ein Tisch - Bobrowski, Lipmanns Leib - Brecht, Das Experiment - Brückner, Lewan / Schwierigkeiten beim Ausfüllen eines Meldezettels / Ein Pferd ist ein Pferd - Dürrenmatt, A's Sturz - Gaiser, Fällung eines Teichs - Hildesheimer, Nachtigall - F.G. Jünger, Urlaub - Kaschnitz, Eisbären - Koeppen, Baseballspieler - Kunert, Zirkuswesen - Musil, Das Fliegenpapier - Novak, Abgefertigt - Reinig, Skorpion - A. Schmidt, Sommermeteor - Weyrauch, Beginn einer Rache.

Wolfgang Kopplin

Kontrapunkte

160 Seiten

Bestell-Nr. 0547-9

Kontroversinterpretationen zur modernen deutschsprachigen Kurzprosa.
Prosatexte, zwischen 1963 und 1975 entstanden, dienen dem Autor dazu, die dialektische Methode des Pro und Kontra als Interpretationsansatz anzuwenden. Dem Primärtext schließen sich jeweils die Kontroversinterpretationen an. Ein Buch, welches Anregungen zum Verstehen und zur Entschlüsselung von Texten gibt.
Inhalt: Texte von Artmann - Bichsel - Dellin - Gerz - Gregor - Kunert - Reinig - Schnurre u.a. werden in einer Pro- und Kontra-Interpretation vorgestellt.

Albert Lehmann

Erörterungen

Gliederungen und Materialien
Methoden und Beispiele

3. verb. Auflage, 168 Seiten

Bestell-Nr. 0476-6

Die vorliegende Sammlung von 58 Gliederungen, die durch Erläuterungen - vornehmlich Beispiele - zu den einzelnen Gliederungspunkten erweitert sind, sollen die Wiederholung des Jahresstoffes erleichtern.
Stoffkreisthemen: Natur - Tourismus - Technik - Freizeit - Arbeit/Beruf - Konflikte zwischen den Generationen - Drogen - Kinder und Familie - Die Stellung der Frau in der Gesellschaft - Sport - Massenmedien und viele Einzelthemen.

Für Lehrer ein unentbehrliches Nachschlage- und Vorbereitungsbuch.

Birgit Lermen /

Matthias Loewen

Trickfilm als didaktische Aufgabe

Band 1: Sekundarstufe I
232 Seiten - Fotos
Bestell-Nr. 0618-1

Band 2: Sekundarstufe II
Bestell-Nr. 0619-X
216 Seiten - Fotos

Die Untersuchung über den Trickfilm als didaktische Aufgabe trägt der unterschiedlichen Ausgangslage in den beiden Stufen des Sekundarunterrichts Rechnung durch die Aufteilung in zwei Bände.

Band 1 stellt sich gezielt auf die Bedürfnisse und Erwartungen der Sekundarstufe I ein. Aus der Eigenart des Mediums Trickfilm wird ein Analyse-Instrumentarium entwickelt, dessen Brauchbarkeit an 13 Filmen unterschiedlicher Herkunft erprobt wird. Auf der damit geschaffenen Grundlage wird ein didaktisch-methodisches Konzept erstellt.

Band 2 orientiert sich an den Bedürfnissen der Sekundarstufe II. Eine semiotische Einführung erweitert und vertieft die in Band I erstellte Grundlage. Im Mittelpunkt stehen wieder die Einzelanalysen, deren Zahl des größeren Umfangs wegen auf zwölf reduziert ist.
Wie in Band I soll beides - Analysen und Einführung - als Basis dienen für didaktische Fragestellungen und Entscheidungen.
Die Auswahl der Filme wurde in beiden Bänden bestimmt durch :

a) das Ausleihangebot der Stadt und Kreisbildstellen in der Bundesrepublik,
b) die ästhetische Qualität,
c) die thematische Relevanz,
d) die didaktische Potenz.

Martin H. Ludwig

Das Referat

Kurze Anleitung zu einer Erarbeitung und Abfassung für Schüler und Studenten.

Bestell-Nr. 0646-7

Planen und Sammeln - Bibliographieren - Schreiben und Zitieren - Lesen und Notieren - Auswerten und Gliedern - Der Text - Der Vortrag.

Martin H. Ludwig

Praktische Rhetorik

Reden - Argumentieren - Erfolgreich verhandeln

Grafiken - 136 Seiten

Bestell.-Nr. 0688-2

Praktische Rhetorik ist ein Übungsfeld für jedermann! Ob bei der Sammlung von Gedanken, bei der Konzentration der Argumente, bei der Gestaltung einer Rede, in der Rücksichtnahme auf den Verhandlungspartner, bei der Vorsicht vor „gefährlichen" Redewendungen.

Aus dem Inhalt: Formale Rhetorik - Dekorative Rhetorik - Verwendung von Argumenten in der Verhandlung - Psychologie in der Verhandlung - Einzelne Techniken zur Durchsetzung von Anliegen - Positive Verhandlungstechniken - Wie wehre ich mich gegen ...? - Typische Verhandlungssituation - Wann sind welche Techniken angebracht?

Methoden und Beispiele der Kurzgeschichten Interpretation

3. Auflage, 64 Seiten

Bestell-Nr. 0585-1

Herausgegeben und erstellt von einem Arbeitskreis der Pädagog. Akademie Zams.

Methoden: Werkimmanente, existenzialistische, grammatische, stilistische, strukturelle, kommunikative, soziologische, geistesgeschichtliche, historisch/biographisch/symbolistische Methode.

Beispiele: Eisenreich - Cortázar - Dürrenmatt - Brecht - Horvath - Bichsel - Kaschnitz - Lenz - Weißenborn - Rinser - Borchert - Nöstlinger - Wölfel - Langgässer.

An Beispielen ausgewählter Kurzgeschichten werden die einzelnen Methoden der Interpretation demonstriert und erläutert. Information und Nachschlagewerk für den Unterricht in den Sekundarstufen.

Edgar Neis

Das neue große Aufsatzbuch

-Methoden und Beispiele des Aufsatzunterrichts für die Sekundarstufen I und II -

212 Seiten - 5. Auflage

Bestell-Nr. 0636-X

Inhalt:
Zur Technik des Aufsatzschreibens - Stoffsammlung und Disposition - Wie schreibe ich eine Charakteristik? - Wie schreibe ich eine Erörterung? - Der dialektische Besinnungsaufsatz - Themen und Aufsätze zu Problemen unserer Zeit - Aufsätze zur Literatur - Wege der Texterschließung - Interpretationshinweise - Fachbegriffe der Aufsatzlehre (Lexikon der Terminologien) - Vorschläge für Aufsatzthemen - Themenkatalog für das Ende des 20. Jahrhunderts - Literaturnachweis.
Dieses Buch richtet sich an Lehrer und Schüler von Haupt-, Real- und Oberschulen (Gymnasien).
Breit einsetzbar in Grund- und Leistungskursen.

Edgar Neis

Deutsche Diktatstoffe -Unterstufe-

3. bis 7. Jahrgangsstufe
6. Auflage, 64 Seiten

Bestell-Nr. 0524-X

Edgar Neis

Moderne deutsche Diktatstoffe

-Sekundarstufe I-

5.-10. Jahrgangstufe

Bestell-Nr. 0693-9

Beide Bände sollen der Einübung und Wiederholung der Rechtschreibung und Zeichensetzung dienen. Jeder Band gliedert sich in zwei Teile, einen systematischen Teil, der zielbewußter Einübung von Wörtern, deren Schreibung Schwierigkeiten bereitet, dient und einen allgemeinen Teil. Dieser bringt zusammenhängende Diktatstoffe aus dem deutschen Schrifttum. Die Namen der Verfasser bürgen für die Stilhöhe der einzelnen Texte.

Edgar Neis

Interpretationen von 66 Balladen, Erzählgedichten und Moritaten

Analysen und Kommentare
5. Auflage, 176 Seiten

Bestell-Nr. 0590-8

Balladen des 18., 19. und 20. Jahrhunderts werden in diesem für Lehrer, Studenten und Schüler bestimmten Band ausführlich interpretiert und durch Erklärungen Verständnis für diese Art Dichtung geweckt. Eine unentbehrliche Hilfe für den Deutsch- und Literaturunterricht.

Aus dem Inhalt: Bürger - Herder - Goethe - Schiller - Uhland - Eichendorff - Heine - Droste-Hülshoff- Miegel - Brecht - Huchel - Celan - Chr. Reinig - Kunert u.v.a.

Edgar Neis
Interpretationen motivgleicher Werke der Weltliteratur
2. Auflage, je 144 Seiten

Dramatische, epische und lyrische Gestaltung der bekanntesten Stoffe der Weltliteratur werden mit knappen Inhaltsangaben vorgestellt und miteinander vergleichend interpretiert.

Band 1:
Mythische Gestalten **Bestell-Nr. 0548-7**

Alkestis - Antigone - Die Atriden (Elektra / Orest) - Iphigenie - Medea - Phädra

Band 2:
Historische Gestalten **Bestell-Nr. 0549-5**

Julius Caesar - Coriolan - Der arme Heinrich - Die Nibelungen - Romeo und Julia - Jeanne d'Arc / Die Jungfrau v. Orleans - Johann Joachim Winckelmann

Edgar Neis
Verbessere Deinen Stil
2. Auflage, 120 Seiten

Bestell-Nr. 0539-8

Der Autor versucht im vorliegenden Band vom grundlegenden Schema über Wortwahl und Satzgestaltung den Interessierten zu einer guten Ausdrucksform zu führen. Stil ist erlernbar, deshalb wurden im 2. Teil viele künstlerisch gestaltete, stilvolle Beispiele wiedergegeben.

Edgar Neis
Wie interpretiere ich ein Drama?
Methoden und Beispiele
2. Auflage - 224 Seiten

Bestell-Nr. 0633-8

Erstbegegnungen mit dramatischen Formen - Methode des Interpretierens - Wege zur Erschließung und Analyse eines Dramas.

Arbeit im Detail: Titel, Personen, Handlung, Aufbau, Sprache, Realisation, Bühnengestaltung, Regieanweisungen, sozio-kulturelle und historische Einordnung usw.

Modelinterpretationen - Zur Theorie des Dramas - Literaturverzeichnis.

Interessenten: Lehrer und Schüler aller Schulgattungen.

Edgar Neis
Wie interpretiere ich Gedichte und Kurzgeschichten?
13. Auflage, 208 Seiten

Bestell-Nr. 0530-3

Ein "Grundkurs", die Kunst der Interpretation zu erlernen und zu verstehen. Die tabellarischen Leitlinien führen den Benutzer des Buches zum Verständnis für diese Gattung der Poesie. Anhand von zahlreichen durchgeführten Interpretationen ist dieses Buch ein unentbehrliches Hilfsmittel für Schüler und Lehrer.

Reiner Poppe
Aufsätze im Deutschunterricht der Sekundarstufe I
Themen - Techniken - Beispiele

ca. 144 Seiten

Bestell-Nr. 0464-2

Das Aufsatzbuch ist für Schüler und Schülerinnen der Sekundarstufe I verfaßt. Es setzt Materialien und Techniken, Beispiele und vermittelnde Information ein, um den Schüler zum Verfassen eigener Texte **methodisch** anzuleiten. Die im Kapitel 4 vorgetragenen Beispiele erfassen in **kommunikativen Anwendungssituationen** die wichtigsten Textsorten:
Erzählbericht - Bericht - Beschreibung - Erörterung - (dialektischer) Besinnungsaufsatz - Interpretation. Der Schwerpunkt liegt dabei auf **alltagsrelevanten, pragmatischen Varianten** dieser Grundformen (Brief, Klappentext, Bedienungsanleitung, Sachtext, Inhaltsskizze, Leserbrief etc.)

Gliederung: Aufsatzformen nach Jahrgangsstufen geordnet/'richtlinienkonform' - Themen zum Üben - Techniken-Hilfsmittel, Beispiele (exemplarisch) - Glossar - Literaturhinweise.

Reiner Poppe
Rechtschreibsicherung
Texte und Übungen für die Klassen 5 und 6

196 Seiten

Bestell-Nr. 0595-9

Zum Selbstunterricht mit Hinweisen zur Handhabung sowie didaktischen und methodischen Anleitungen für Unterrichtende.
Zu ausgewählten Rechtschreibschwierigkeiten wurden **Texte mit vielgestaltigen Übungen** in Einzelkapiteln zusammengefaßt. Jede Textgruppe ist mit einer knappen **Zusammenfassung** des voraufgegangenen Lernstoffes sowie **Erprobungsdiktaten** abgeschlossen. Testdiktate beschließen den Übungsteil. Es wurde besonders darauf geachtet, daß der Lernende Schwierigkeiten bewußt erfährt, **Lösungswege** und **Hilfen eigenständig** formuliert und **systematisch** üben kann.

Klaus Sczyrba
50 Kurzdiktate
für die 4. - 7. Klasse
mit 250 Übungsmöglichkeiten

116 Seiten + Lösungsheft

Bestell.-Nr. 0477-4

Der bekannte Autor Klaus Sczyrba bringt wieder eigene Diktate für rechtschreibschwache Schüler und Schülerinnen zum häuslichen Arbeiten.

Für die Hand des Lehrers als Kurztest-Übungen im Unterricht bestens geeignet. Der Autor hat selbst im Unterricht erfolgreich damit gearbeitet.

Klaus Sczyrba

Komm, wir schreiben!

Rechtschreibübungsheft für das 2. und 3. Schuljahr

Format: DIN A4 - 40 farbige Illustrationen
2. Auflage - 36 Seiten

Bestell-Nr. 0614-9

Freude ist der Motor zum Erfolg. Nach diesem Grundsatz will der Autor den Kindern durch die lustbetonte, sehr abwechslungsreiche Art dieses Heftes den Weg zu Rechtschreibsicherung leicht machen. In frohem Tun werden fast unauffällig fundamentale Kenntnisse der Rechtschreibung angeeignet, ohne daß die Kinder dabei den Eindruck des Übens haben.

Klaus Sczyrba

Komm, wir schreiben!

Rechtschreibübungsheft für das 3. und 4. Schuljahr

Format: DIN A4 - 60 farbige Illustrationen
60 Seiten

Bestell-Nr. 0616-5

Alle Übungen für die Kinder des 3. und 4. Schuljahres sind so angelegt, daß sie mit Freude durchgeführt werden. Sie enthalten kurzweilige Aufgaben, Reime und Rätsel. Die Richtigkeit der Lösungen kann leicht selbst überprüft werden.
Üben ist für Kinder oft freudlos und langweilig. Bei diesem Heft spüren sie aber nicht, daß "nur geübt" wird. In froher, zielstrebiger Arbeit wird fast unbewußt die Rechtschreibfertigkeit gesteigert.

Klaus Sczyrba

Lebensnahe Diktate

für die Grundschule mit angeliederten Übungsmöglichkeiten für das **2. bis 4 Schuljahr**
3. Auflage - 152 Seiten + Lösungsheft

Bestell-Nr. 0610-6

Dieses Übungsbuch ist aus der Erfahrung langjähriger Schularbeit entstanden und soll den Kindern vom 2. bis 4. Schuljahr helfen, ihre Rechtschreibleistungen zu verbessern.
Dazu werden 150 Diktate geboten, die in Ausmaß und Schwierigkeitsgrad dem Alter der Kinder entsprechen.
Zur vertiefenden Behandlung aller Rechtschreibbereiche sind jedem Diktat eine Reihe Übungsmöglichkeiten beigefügt.

Klaus Sczyrba

Moderne Aufsatzerziehung für das 5. - 7. Schuljahr

ca. 144 Seiten

Bestell-Nr. 0472-3

Diese ganz auf die Schulpraxis bezogene Büchlein bietet Hilfen und Anregungen für das Schreiben von Nacherzählungen, Erlebnisaufsätzen, Phantasiegeschichten, Beschreibungen, Schilderungen und Berichten. Außerdem enthält es Übungen zur Grammatik, zur Rechtschreibung und Ausdrucksverbesserung.

Ein weiteres Buch von unserem Erfolgsautor Klaus Sczyrba.

Klaus Scyrba

Neue lebensnahe Diktate

mit zahlreichen Übungsmöglichkeiten für das **2. bis 10. Schuljahr**

2. Auflage - 312 Seiten

Bestell-Nr. 0611-4

Wie in den früheren Ausgaben diese Buches werden hier wieder über 200 Diktate geboten, die in Ausmaß und Schwierigkeitsgrad dem Alter des Kindes entsprechen.

Klaus Sczyrba

Lebensnahe Dikate

mit zahlreichen Übungsmöglicheiten für das **5. bis 7. Schuljahr** + Lösungsheft

2. Auflage - 240 Seiten

Bestell-Nr. 0613-0

In diesem Übungsbuch werden 150 Diktate geboten, die Kindern des 5. bis 7. Schuljahres helfen sollen, ihre Rechtschreibkenntnisse zu verbessern.
Zur vertiefenden Behandlung aller Rechtschreibbereiche ist jedem Diktat eine Reihe Übungsmöglichkeiten beigefügt.

Klaus Sczyrba

Lebensnahe Diktate

100 Diktattexte mit 600 Lösungsmöglichkeiten für das **8. bis 10. Schuljahr**

210 Seiten + Lösungsheft

Bestell-Nr. 0471-5

Das Buch will mit seinen Diktaten und Übungen zum richtigen Gebrauch unserer Sprache beitragen. Die Diktate sind nicht nur nach Rechtschreibschwierigkeiten oder zur Anwendung einer Regel konstruiert, sondern sind auf die Bedürfnisse von Zeit und Umwelt abgestimmt.
Übungsmöglichkeiten mit Lösungen machen dieses Buch für häusliches Arbeiten und für den Unterrichtsgebrauch gleichermaßen unentbehrlich.

Klaus Sczyrba

Lebensnahe Diktate

mit zahlreichen Übungsmöglichkeiten für das **5. bis 10. Schuljahr**

2. Auflage - 432 Seiten + Lösungsheft

Bestell-Nr. 0612-2

Auch dieses Übungsbuch soll den Kindern vom 5. bis 10. Schuljahr helfen, ihre Rechtschreibleistungen zu verbessern.
Die hier angebotenen 250 Diktate sind in Ausmaß und Schwierigkeitsgrad dem Alter entsprechend ausgewählt worden. Jedem Diktat ist eine Reihe Übungsmöglichkeiten beigefügt, ebenso wurde der entsprechende Wortschatz eingebracht.
Tabellen der Rechtschreibschwierigkeiten in den einzelnen Schuljahren runden diese Übungsbuch ab.

Klaus Sczyrba

Lebensnahe Grammatik für die Grundschule

für das 2. bis 4. Schuljahr

140 Seiten

Bestell-Nr. 0673-4

Die alltäglichen Begebenheiten zweier Kinder sind lebendige Einstiege in alle Bereiche der Grundschulgrammatik. In übersichtlicher Weise werden alle notwendigen Kenntnisse zur Beherrschung unserer Sprache kindgemäß vermittelt, die in den angegliederten Übungen angewandt werden können. So ist dieses Büchlein sehr hilfreich für den Unterricht in der Schule und die häusliche Einzelarbeit.

Klaus Sczyrba

Lebensnahe Sprachlehre in der Grundschule

50 Unterrichtsentwürfe für die Einführung aller wesentlichen Gebiete.

112 Seiten, Illustrationen

Bestell-Nr. 0615-7

Neubearbeitete 2. Auflage

Diese Unterrichtsentwürfe haben sich als eine vielbegehrte Hilfe erwiesen und ermöglichen, daß der sonst so trockene Stoff der Sprachlehre lebensnah, auf lustbetonte Weise eingeführt wird.
Jeder Entwurf ist eine Unterrichtseinheit, die sich über einen längeren Zeitraum erstreckt.

Klaus Sczyrba

Lebensnahe Grammatik für die Sekundarstufe I

5.-10 Klasse
Mit 100 Übungen + Lösungsheft

128 Seiten

Bestell-Nr. 0474-X

Wesentliche Ursache für die Fehlerhäufigkeit in der Rechtschreibung ist in der mangelnden grammatischen Erkenntnis zu suchen.
Das Buch will hier Abhilfe schaffen. In übersichtlicher Anordnung bietet es in den für das Leben wichtigen Bereichen der Grammatik viele Beispiele und Übungsmöglichkeiten.

Klaus Sczyrba

Rechtschreib-Olympiade

Übungen mit Lösungen für die 5.-7. Klasse

136 Seiten + Lösungsheft

Bestell-Nr. 0475-8

Unser Erfolgautor Klaus Sczyrba bringt mit diesem Band ein lebensnahes Rechtschreibbuch auf den Markt, welches durch seinen Wettbewerbcharakter sicher viele Übende ansprechen wird.
Kurze Übungstexte zu den Schwierigkeiten der deutschen Sprache werden allen Benutzern Hilfe geben und einprägsam zukünftige Fehler vermeiden helfen.

Englisch

Peter Luther/Jürgen Meyer

Englische Diktatstoffe

Unter- und Mittelstufe Sekundarstufe I)

64 Seiten

Bestell.-Nr. 0647-5

Beginnend mit einfachsten Texten und Erklärungen wird hier der Benutzer der Bücher mit der englischen Grammatik, Wortlehre und Rechtschreibung vertraut gemacht. Die Texte geben Hinweise auf die Vorbereitung zur Nacherzählung und sind gestaffelt nach Schwierigkeiten und Themengruppen. Worterklärungen und Übungen zur Selbstkontrolle runden den Band ab.

Jürgen Meyer/Gisela Schulz

Englische Synonyme als Fehlerquellen

Übungssätze mit Lösungen
116 Seiten
Bestell.-Nr. 0596-7

Dieses Übungsbuch will helfen, die im Bereich der Synonyme immer wieder auftretenden Fehler zu vermeiden.
Die Aufstellung ruht auf Beobachtungen, die die Verfasser im Unterricht gemacht haben und erhebt keinen Anspruch auf Vollständigkeit. Dier Übungssätze wurden so formuliert, daß die wichtigen Bedeutungsnuancen so klar wie möglich hervortreten. Die zur Kontrolle beigefügten Lösungen geben an, ob und wo Fehler gemacht worden sind.

Jürgen Meyer

Deutsch-englische/ englisch-deutsche Übersetzungsübungen

9.–13. Klasse

2. Auflage - 104 Seiten

Bestell.-Nr. 0594-0

Texte für Fortgeschrittene, die ihre Kenntnisse in Wortanwendung und Grammatik erweitern und überprüfen wollen.
Zu den zeitgemäßen deutschen Texten wurden die Vokabeln und deren Anwendungsmöglichkeiten gegeben und erklärt.
Am Schluß des Bandes die englischen Texte zur Kontrolle.
Breit einsetzbar in den Sekundarstufen, Grund- und Leistungskursen.

Jürgen Meyer/Ulrich Stau

Englisch 5./6. Klasse

Übungen mit Lösungen

128 Seiten - Viele Zeichnungen

Bestell.-Nr. 0687-4

Der gesammte Stoff Englisch der 5. und 6. Klasse wird in diesem Nachhilfebuch wiederholt. Die Benutzer können anhand von Übungen ihr Wissen testen und im Lösungsteil nachschlagen.

Der Stoff wurde den einschlägigen Lehrwerken an den Schulen der verschiedenen Bundesländer angeglichen um eine Benutzung nicht von den verschiedenen Kriterien der Bundesländer abhängig zu machen.

Den Schülerinnen und Schülern wird hier echte 'Lernhilfe' geboten!

Jürgen Meyer

Übungstexte zur englischen Grammatik

9. – 13. Klasse

2. Auflage - 96 Seiten

Bestell.-Nr. 0567-3

Der Band enthält Übungsmaterial zu aktuellen Fragen, u.a. Sachtexte zu Personen, wissenschaftliche Entdekkungen und zeitgeschichtlichen Ereignissen, die über das heutige Großbritannien und die USA informieren. Die Texte sind mit ausführlichen Hinweisen zu den Vokabeln sowie Übungen zur Syntax und zum Wortschatz versehen. Diskusssionsvorschläge und ein sorgfältig aufbereiteter Schlüssel bieten zusätzliche Unterrichtshilfen. Das Buch ist sowohl für Gruppenarbeit als auch für das Selbststudium geeignet.

Edgar Neis

Übungen zur englischen Herübersetzung

108 Seiten

Bestell-Nr. 0542-8

Das Übungsbuch richtet sich an den Schüler, der ohne Hilfe eines anderen selbständig die Fertigkeit des Übersetzens aus dem Englischen erlernen will. 38 Texte aus Literatur und Sachschrifttum, jeweils mit Vokabelangaben versehen, kann der Übende ins Deutsche übertragen und anhand des Lösungsteils auf seine Richtigkeit hin überprüfen.
Die Texte eignen sich im Unterrichtsgebrauch als Übungen zur Nacherzählung und Grammatik.

Edgar Neis

Wie schreibe ich gute englische Nacherzählungen?

6. Auflage - 84 Seiten

Bestell-Nr. 0526-6

Langjährige, im gymnasialen Englischunterricht auf der Mittel- und Oberstufe, sowie bei zahlreichen Abiturprüfungen gewonnene Erfahrungen haben zur Herausgabe dieses Buches geführt. Texterfassung und -darstellung, Wortschatzerweiterung, Regeln der Stillehre, Erzählstil, idiomatische Redewendungen, Homophone, unregelmäßige Verben, Comment u.v.a.
Musterbeispiele als Vorlagen für Lernende.

Französich

Klaus Bahners

Französischunterricht in der Sekundarstufe II

(Kollegstufe)

Texte - Analysen - Methoden

104 Seiten

Bestell-Nr. 0565-7

Dieses Buch wendet sich an alle, die jetzt oder künftig auf der neugestalteten Oberstufe (Sekundarstufe II) Französischunterricht erteilen; vor allem an jüngere Kollegen und Referendare, aber auch an Studenten, die sich auf den Übergang vom wissenschaftlichen Studium zur pädagogischen Umsetzung vorbereiten wollen.

Paul Kämpchen

Französische Texte zur Vorbereitung auf die Reifeprüfung

80 Seiten

Bestell-Nr. 0522-3

Übungen für Grammatik, des Stils und eine der Prüfungsarten - die Nacherzählung - sollen hier dem Anwärter zur Prüfung nahegebracht werden. Kurze und lange Nacherzählungstexte mit Worterklärungen stehen hier als Übungstexte zur Verfügung.
Der Schüler oder Student kann anhand dieser Kurzgeschichten seine sprachliche Beweglichkeit unter Beweis stellen. Kleine und leichte Stücke, die sich nur für Anfänger und wenig Fortgeschrittene eignen, wurden weggelassen.

Alfred Möslein/
Monique Sickermann-Bernard

Textes d'étude

64 Seiten

Bestell-Nr. 0523-1

25 erzählende Texte aus der neueren französischen Literatur als Vorlagen für Nacherzählungen und Textaufgaben.
Durch unterschiedliche Längen und Schwierigkeitsgrade, sowie durch breitgefächerte Thematik eignen sich diese Texte als Lektüre und Ausgangspunkt für Diskussionen im Unterricht. In den "Suggestions" findet man einige Anregungen für Übungen, die sich an die reine Textbehandlung anschließen können. Die Worterklärungen sollen das Verständnis der Texte erleichtern.

Werner Reinhard

Französische Diktatstoffe Unter- und Mittelstufe

1./2. Unterrichtsjahr, sowie 3./4. Unterrichtsjahr

3. Auflage - 96 Seiten

Bestell-Nr. 0532-0

Die nach dem Schwierigkeitsgrad geordneten Texte sind überwiegend Erzählungen und Berichte von Begebenheiten des täglichen Lebens, wobei unbekannte Vokabeln beigegeben sind. Mit den Texten lernt der Schüler die gehobene Umgangssprache, d.h. Vokabular und Wendungen, die er später für eigene Textproduktionen verwenden kann. Den Texten vorangestellt sind Bemerkungen zur Rechtschreibung, die nützliche Rechtschreibregeln enthalten.

Werner Reinhard

Übungstexte zur französischen Grammatik

9. - 13. Klasse

2. Auflage - 128 Seiten

Bestell-Nr. 0543-6

"Übungstexte zur französischen Grammatik" wendet sich an Lernende, die bereits einige grammatische Kenntnisse haben, sie jedoch festigen und vertiefen wollen. Es eignet sich aufgrund umfangreicher Vokabelangaben, sowie des ausführlichen Lösungsteils, zum Selbststudium und vermag bei Schülern ab Klasse 9 Nachhilfeunterricht zu ersetzen.
Die textbezogenen Aufgaben berücksichtigen insgesamt die wichtigsten grammatischen Gebiete, ein Register ermöglicht auch systematisches Vorgehen.

Werner Reinhard

Übungen zur französischen Herübersetzung

96 Seiten

Bestell-Nr. 0537-1

40 franz. Texte aus Literatur und Sachschrifttum, jeweils mit Vokabelangaben versehen, kann der Lernende ins Deutsche übertragen und anschließend, anhand des Lösungsteiles, seine Fassungen auf ihre Richtigkeit hin überprüfen. Dem Verfasser kam es bei den deutschen Übersetzungen nicht auf prägnanten Stil an, es ging ihm vielmehr um die inhaltlich richtige und vom Schüler nachvollziehbare Übersetzung. So enthalten die Herübersetzungen jeweils auch Anmerkungen mit wörtlichen Entsprechungen, Varianten und Hinweisen zur Grammatik. Breit einsetzbar in den Sekundarstufen.

Christine und Gert Sautermeister

Der sichere Weg zur guten französischen Nacherzählung

-Zur Methodik des Hörens und Schreibens im Französischunterricht-

118 Seiten

Bestell-Nr. 0534-7

Der erste Teil des Buches will auf die Bedingungen richtigen Hörens aufmerksam machen und Wege zum besseren Hören skizzieren. Der zweite Teil gibt Anregungen, die Grundrisse des Textes, der Gelenkstellen, Höhepunkte, Pointen nochmals zu vergegenwärtigen. Spezifische Formulierungsprobleme der Nacherzählung entfaltet der dritte Teil.

Werner Reinhard

Kurze moderne Übungstexte zur französischen Präposition

120 Seiten

Bestell-Nr. 0568-1

In einem lexikalischen Teil gibt das Übungsbuch zunächst einen Überblick über die Anwendung der wichtigsten Präpositionen. Auch die Präpositonen als Bindeglied zwischen Verb und Objekt bzw. Infinitiv (vor allem à und de) wird berücksichtigt. Listen erleichtern dabei systematisches Lernen.
Im anschließenden Übungsteil kann der Benutzer seine Kenntnisse überprüfen. Vorherrschende Methode ist die Einsatzübung. Mit dem Lösungsteil eignet sich das Buch gut zum Selbststudium. Einsetzbar für den Unterricht in den Sekundarstufen.

Gemeinschafts-kunde

Peter Beyersdorf

Die Bundesrepublik Deutschland

Arbeitsheft zur Sozial- und Gesellschaftskunde

Band 1:
Strukturen und Institutionen
mit Text des Grundgesetzes
124 Seiten
Bestell-Nr. 0507-X

Band 2:
Parteien und Verbände
84 Seiten
Bestell-Nr. 0508-8

Band 3:
Außenpolitische Entwicklung
72 Seiten
Bestell-Nr. 0509-6

Diese Reihe wurde vor allem für den Bereich der politischen Pädagogik geplant: für Lehrer und Schüler also in erster Linie. Das gilt für Gymnasien und höhere Schulen insgesamt, für Berufsschulen und nicht zuletzt für den großen Bereich der Erwachsenenbildung in den Volkshochschulen.
Jedes Heft enthält neben dem Textteil einen Dokumentenanhang und ein Literaturverzeichnis, darin wird auf spezielle, einzelne Themen vertiefende Bücher hingewiesen.
Mit Hilfe dieser "Arbeitshefte" wird es dem Benutzer möglich, die grundsätzlichen politischen Zusammenhänge unseres Gemeinwesens und die Struktur der internationalen Politik zu erkennen. Dazu werden nicht nur Daten und Fakten geboten, sondern zugleich auch deren Erklärung und Interpretation. Stand 1970!

Latein

Reinhold Anton

Die Stammformen und Bedeutungen der lateinischen unregelmäßigen Verben

Anleitung zur Konjugation von etwa 1600 einfachen und zusammengesetzten unregelmäßigen Verben.

5. verbess. Auflage - 40 Seiten

Bestell-Nr. 0500-2

Oswald Woyte

Latein-Gerüst

Der gesamte Stoff bis zur Sekundarstufe II (Kollegstufe) in übersichtlicher Anordnung und leichtverständlicher Darstellung mit Übungstexten, Übungsaufgaben und Schlüssel.

Teil 1: **Formenlehre**
116 Seiten
Bestell-Nr. 0552-5

Teil 2: **Übungsaufgaben und Schlüssel zur Formenlehre**
144 Seiten
Bestell-Nr. 0553-3

Teil 3: **Satzlehre**
104 Seiten
Bestell-Nr. 0554-1

Teil 3: **Übungsaufgaben und Schlüssel zur Satzlehre**
72 Seiten
Bestell-Nr. 0555-X

jeweils 2. Auflage

Die vier Bände ersparen den Lernenden die Nachhilfestunden und bieten ein unentbehrliches Übungs- und Nachschlagewerk bis zur Reifeprüfung.
Der Autor hat aus seiner Praxis als Oberstudiendirektor die Schwierigkeiten der lateinischen Sprache für den häuslichen Übungsbereich aufbereitet und leicht faßbar erläutert. Lernanweisungen sollen das Einprägen erleichtern.

Friedrich Nikol

Latein 1

Übungen mit Lösungen für das erste Lateinjahr in zwei Bänden.

Band 1/**Erstes Halbjahr**
mit Lösungsteil
Bestell-Nr. 0634-3

Band 2/**Zweites Halbjahr**
mit Lösungsteil
Bestell-Nr. 0635-1

In beiden Teilbänden wird der gesamte Stoff des ersten Lateinjahres behandelt.

Latein 2 (2. Lateinjahr)

Bestell-Nr. 0638-6

Der lateinische Wortschatz ist in den Büchern genau angegeben und den verschiedenen lateinischen Unterrichtswerken angepaßt, die in den einzelnen Bundesländern zugelassen und eingeführt sind.
Bei gründlicher häuslicher Nachhilfe mit den Büchern wird der Übende immer mehr Freude an Latein bekommen und bald wird sich auch der Erfolg bei den Leistungen in der Schule zeigen.

Suchen Sie wortgetreue Übersetzungen und Präparationen zu Ihren Schullektüren römischer und griechischer Klassiker?
Sie finden in der **„Kleinen Übersetzungsbibliothek"** in 500 Bänden im Kleinformat wörtliche deutsche Übersetzungen.
Fordern Sie das ausführliche Verzeichnis an.

Mathematik

Bernd Hofmann

Algebra 1

Mathematikhilfe für die 7./8. Jahrgangsstufe weiterführender Schulen

216 Seiten

Bestell-Nr. 0580-0

Friedrich Nikol
Lothar Deutschmann

Algebra 2

Übungs- und Wiederholungsbuch für die 9. und 10. Jahrgangstufe

168 Seiten - Viele Abbildungen

Bestell-Nr. 0645-9

Helmut Kürzdörfer

Geometrie 1

Mathematikhilfe für die 7./8. Jahrgangsstufe weiterführender Schulen

232 Seiten

Bestell-Nr. 0581-9

Diese Bücher sind im wesentlichen auf den Lehrstoff des 7. bis 10. Schuljahres abgestimmt. **Sie gliedern sich in Kontroll-, Übungs- und Lösungsteil.** Ausgerichtet sind sie als unterrichtsbegleitende Werke auf Schüler und die ihnen hilfreich zur Seite stehenden Eltern.
Nützlich sind sie aber auch wegen des großen und vielseitigen Angebots an Übungsaufgaben (mit vollständigen Lösungswegen) **für Lehrer.** Von ähnlichen Unterrichtshilfen heben sie sich durch die kurze, übersichtliche und verständliche Darstellung sowie durch gute Überprüfbarkeit der Kenntnisse ab. (Besprechung der Bibliothekszentrale, Reutlingen).

Lothar Deutschmann

Mathematik

Wegweiser zur Abschlußprüfung
Mathematik I, II und III an Realschulen

Anhang: Reifeprüfungsaufgaben mit Lösungen 1980/1981/1982/1983

168 Seiten + 121 Abb.

Bestell-Nr. 0644-0

Ein erfahrener Pädagoge erteilt Nachhilfeunterricht in Mathematik.

In anschaulicher Weise werden den Benutzern Aufgaben aus der Mathematik an Realschulen vorgeführt, erklärt und mit Lösungsweg und Lösungen beschrieben.

Ruth Kirchmann

Zielscheibe Mathematik

Wenn Schüler vor Mathematik zurückschrecken, liegt es häufig an den Lücken, die irgendwann entstanden sind und das Verständnis des ganzen folgenden Unterrichtsstoffes blockieren.
In diesen Nachhilfebüchern, die auch zum Nachlernen für zu Hause geeignet sind, finden sich Schüler schnell zurecht.

Dezimalzahlen

78 Seiten - viele Abbildungen
+ 8 Seiten Lösungsheft

Bestell-Nr. 0671-8

Johannes Lorenz

Mathematik-Gerüst – Unterbau

6. Auflage - 84 Seiten

Bestell-Nr. 0558-4

Sammlung von Formeln und Sätzen mit zahlreichen Musteraufgaben und vielen Figuren.

Inhalt: Zahlenrechnen - Algebra - Gleichungen - Logarithmen - Geometrie - Stereometrie - Trigonometrie.
Dieser Band richtet sich an den Lernenden, der in kurzer Form seine Kenntnisse wieder auffrischen möchte und anhand von Musteraufgaben Lösungswege rekonstruieren will.

Bis Sekundarstufe I.